L²⁷ₙ
40289.

SOLENNITÉ

DU

JUBILÉ ÉPISCOPAL

DE

MONSEIGNEUR PIERRE-ALFRED GRIMARDIAS

ÉVÊQUE DE CAHORS

CÉLÉBRÉE A ROC-AMADOUR

LE 6 AOUT 1891

CAHORS
F. PLANTADE, IMPRIMEUR DE L'ÉVÊCHÉ
—
1891

SOLENNITÉ

DU

JUBILÉ ÉPISCOPAL

DE

Mgr Pierre-Alfred GRIMARDIAS

Monseigneur,

C'est pour moi un devoir et un honneur de déposer à vos pieds ce récit des fêtes de votre Jubilé Épiscopal.

Je me suis borné à redire ici ce que j'avais vu et entendu, et je n'ai eu garde de joindre mes faibles louanges à celles qu'il m'était donné de transcrire. J'aurais craint de les déparer

   Et streperc in medios inter velut anser olores.

Mais Votre Grandeur ne doutera pas, je l'espère, des sentiments de profonde vénération et de filiale reconnaissance avec lesquels j'ai l'honneur d'être

Monseigneur,

Votre très humble et très obéissant serviteur,

A. VAYSSIÉ, ch. h[e].

Professeur d'histoire au Petit Séminaire de Montfaucon.

SOLENNITÉ

DU

JUBILÉ ÉPISCOPAL

DE

Monseigneur Pierre-Alfred GRIMARDIAS

Évêque de Cahors

Célébrée a Roc-Amadour

LE 6 AOUT 1891

CAHORS

F. Plantade, imprimeur de l'Évêché

1891

AVANT PROPOS

L'Église, a dit un historien célèbre, est une grande école de respect. C'est l'Église, en effet, qui, en enseignant aux hommes leur origine, leur destinée et leurs devoirs, leur a appris à respecter, dans tous leurs semblables, l'image de Dieu, et, dans leurs supérieurs, les représentants de son autorité.

Mais si, de la part des fidèles, tous les dépositaires du pouvoir sont environnés d'une légitime vénération, c'est d'un culte pieux que nous aimons à entourer les ministres de Jésus-Christ, surtout lorsque véritablement animés de son esprit, ils ne règnent que par la bonté, et passent, comme Lui, en répandant le bien : *pertransiit benefaciendo*.

Tel a été jusqu'ici et tel sera jusqu'à la fin de son long épiscopat, — car le passé nous garantit l'avenir, — Monseigneur Pierre-Alfred Grimardias, évêque de Cahors. Aussi, de quels honneurs les excellentes populations de notre religieux Quercy l'ont-elles, en tout temps, prévenu et comblé !

Toutefois, ces hommages n'ont pas suffi à leur piété reconnaissante, et, à deux reprises différentes, le prélat bien-aimé s'est vu, dans ces dernières années, l'objet d'une manifestation dont on trouverait, croyons-nous, peu d'exemples. Le 27 juin 1888, il célébrait les noces d'or de son sacerdoce : avec quelles splendeurs et au milieu de quelles démonstrations d'allégresse, c'est ce que les habitants de Cahors raconteront à leurs derniers neveux : *dicentur hæc in generatione alterâ*. Mais en lui redisant à cette occasion ces paroles qui étaient à la fois une acclamation et une fervente prière : *Ad multos annos !* qui de nous n'entrevoyait dans un prochain avenir une nouvelle fête jubilaire ? Nous savions que, dans trois ans, il célébrerait aussi les noces d'argent de son épiscopat, et nous nous demandions déjà ce que nous pourrions faire pour honorer encore plus un tel évêque. Cependant nous savions que la piété est ingénieuse et nous appelions l'avenir de tous nos vœux. Vienne, disions-nous, cet anniversaire encore plus saint en lui-même et plus heureux pour nous que le premier, et notre Père selon la Foi, sera témoin d'une nouvelle démonstration de nos sentiments à son égard ! Quel que soit l'éclat du jour présent, celui que nous attendons sera encore plus beau. Puisse-t-il le surpasser en magnificence autant que la dignité épiscopale est au-dessus de la dignité du sacerdoce !

Au milieu des tristesses de l'heure présente et malgré le malheur des temps, Dieu nous a réservé, en effet, cette consolation. Le jour désiré est venu et nous avons pu redire encore unanimement : *Ad multos annos !* De nouveau nous avons vu le pasteur de nos âmes comblé d'honneurs et réjoui dans son cœur d'évêque. Nous l'avons vu entouré de onze prélats, que l'amitié autant que le désir d'honorer un collègue dans l'épiscopat, avait amenés de loin pour lui faire le plus noble des cortèges ; précédé de quatre cents prêtres heureux et fiers d'obéir à un tel chef ; s'avançant sous les innombrables bannières des paroisses qu'il a si souvent visitées, et dominant à grand'peine son émotion pour exprimer les sentiments dont son cœur débordait. Nous avons vu ce qui est encore plus heureux, la foi des fidèles manifestée et raffermie ; tous les fronts s'incliner sur le passage de cet autre *Bon Pasteur*, et tous les bras levés vers le ciel pour attirer sur lui, par l'intercession de la Mère de Dieu, de nouvelles bénédictions.

C'est ici, à notre avis, ce qui distingue le plus nettement la journée du 6 août 1891 de celle du 27 juin 1888. L'une et l'autre ont été manifestement deux fêtes religieuses : Monseigneur n'aurait jamais accepté pour sa personne de tels honneurs, et son humilité les aurait repoussés, avec une invincible fermeté, si elle n'avait pu les rapporter à l'Auteur de tous les biens ; mais la fête du 6 août a été de beaucoup la plus édifiante. En 1888, l'excellent prêtre à qui ses éminentes qualités avaient valu, 22 ans auparavant, d'être élevé sur le siége de Saint Génulphe, reçut dans sa cité épiscopale les ovations de tout un peuple, des grands et des petits, des riches et des pauvres, du monde religieux et du monde civil ; en 1891, le meilleur des évêques a reçu, dans le sanctuaire de Roc-Amadour, les hommages des serviteurs de Marie, et, si nous pouvons ainsi parler, les ovations de la portion choisie de son troupeau. Les fidèles sont accourus de toute part, moins pour admirer que pour prier, et Marie elle-même, en ces lieux où tout est plein de sa présence, s'est associée à notre joie : *Et erat mater Jesu ibi.*

Tel a été le jour dont les pages suivantes ont pour but de perpétuer le souvenir. S'il fut bon de montrer, par le récit des fêtes de Cahors, la place qu'un évêque a su se faire, à force de bonté et de sagesse, dans une société mêlée et tourmentée comme la nôtre, il faut aussi qu'on sache, dans l'avenir, ce qu'ont pu produire encore les restes d'une foi qu'on dit perdue, et d'une piété qui semble morte et qui n'est qu'endormie.

Du reste, la tâche de l'historien sera facile à remplir. Il n'a plus à expliquer, comme il fallait le faire il y a quelques années, l'origine de ces fêtes jubilaires, leur signification chrétienne et le bien qu'elles font aux âmes. A peine pourra-t-il ajouter quelques détails aux relations qui ont précédé la sienne, sur les brillantes décorations qui rendirent si magnifique l'aspect de l'antique *vallée ténébreuse.* Tout ce qui concerne la personne et les œuvres de Monseigneur Grimardias, a été dit avec une compétence et une autorité que nous ne saurions nous flatter d'égaler, par les orateurs qui lui ont adressé tour à tour leurs félicitations, et qui ont bien voulu nous communiquer le texte authentique de leurs paroles.

Il ne s'agit guère pour nous que de replacer ces discours, ces toasts et ces allocutions dans leur cadre naturel, en rappelant brièvement les magnificences d'une fête dont ceux qui y ont assisté ne perdront jamais le souvenir. C'est à quoi nous nous attacherons, avec la seule préoccupation de dire exactement la vérité.

CHAPITRE I

PRÉLIMINAIRES

I. Ce fut vers le milieu de l'année 1890 et dans une autre fête jubilaire que fut prise la première décision relative au Jubilé épiscopal de Monseigneur l'Évêque de Cahors.

Un usage relativement récent, mais trop pieux et trop louable pour qu'on ne soit pas désormais assuré de sa durée, réunit tous les ans à Roc-Amadour, peu après la fête de la Trinité, tous les prêtres du diocèse qui ont atteint à cette époque leur 25e année de prêtrise. Là, ces prêtres, après avoir compté les vides faits par la mort dans la phalange sacerdotale qu'ils formaient au début de leur carrière, et prié pour les frères d'armes décédés, remercient solennellement la Reine du Clergé des bénédictions accordées à leur ministère ; puis, dans un acte commun de consécration à la Sainte Vierge, ils vouent, tous ensemble, à son service cette seconde partie de leur existence où l'homme de la terre disparaîtra de plus en plus devant le ministre de Jésus-Christ, où l'activité cédera graduellement la place à l'autorité, et que doit remplir, plus encore qu'auparavant, la pensée du compte qu'il faudra rendre à Dieu.

Le 9 juillet 1890, c'était le tour des prêtres ordonnés en 1865 ; Monseigneur qui s'est toujours fait un bonheur de présider cette réunion de famille, était au milieu d'eux, et M. le chanoine Magne, un des prêtres jubilaires, était chargé d'adresser à Sa Grandeur quelques paroles de remerciement.

Est-il une belle et pieuse pensée qui ne se présente naturellement à l'esprit de M. l'abbé Magne ?... et l'historien des fêtes de 1888 pouvait-il, au jour de son propre jubilé sacerdotal, en présence de Monseigneur et dans ces lieux remplis des monuments de la piété de notre Évêque envers Marie, ne pas songer au jubilé épiscopal que le diocèse tout entier s'apprêtait à célébrer ? Dans l'adresse qu'il lut à Sa Grandeur après l'acte de consécration, l'orateur exprima, en son nom et au nom de tous les assistants, le vœu de voir célébrer à Roc-Amadour le 25ᵉ anniversaire de la consécration épiscopale du vénéré prélat. M. le Supérieur du pèlerinage s'empressa d'adhérer à ce vœu et assura que les difficultés matérielles qu'on pourrait rencontrer dans l'exécution de ce projet, ne seraient pas insurmontables. Monseigneur reconnut à son tour combien cette pensée était heureuse et lui donna son entière approbation. Dès ce moment, il était décidé que le jubilé épiscopal de Monseigneur Grimardias serait célébré à Roc-Amadour le 6 août 1891.

Il y avait encore un an et quelques jours avant le joyeux anniversaire ; on avait tout le temps nécessaire pour songer aux préparatifs, et l'on résolut de ne rien négliger pour que la fête fut célébrée avec un éclat et une magnificence dignes du pontife qui en serait l'objet, et en rapport avec la sainteté du lieu.

II. Avant tout, il fallait annoncer au diocèse la solennité qui se préparait et convoquer tous les enfants à la réjouissance du père de famille.

Dans d'autres diocèses, en pareil cas, l'Évêque a cédé la parole à ses représentants et n'a pas cru qu'il lui convînt de convoquer lui-même les fidèles à une fête célébrée en son honneur. Monseigneur l'Évêque de Cahors a pensé autrement et a été, croyons-nous, mieux inspiré. Pénétré de cette pensée qu'un Jubilé épiscopal n'est pas seulement la fête personnelle de l'Évêque, mais encore celle de l'Église confiée à sa garde, Monseigneur Grimardias a cru devoir expliquer lui-même à ses diocésains le caractère et le but principal de la cérémonie dont il consentait à être l'occasion et l'objet. On relira avec édification cette lettre pastorale empreinte d'une émotion si profonde et si pieuse. En la rapprochant de celle du jour où Monseigneur vint prendre possession de son siège épiscopal, on y retrouvera l'expression abrégée des mêmes pensées et des mêmes sentiments à l'égard de l'église de Clermont qui fut son premier amour et de l'église de Cahors qui sera certainement le dernier. On y verra aussi, non sans une légitime fierté, que le pasteur est content de son troupeau. Monseigneur, dans son extrême modestie, refuse de s'attribuer aucune part dans le bien immense qu'il a fait à son diocèse, et l'attribue tout entier, après Dieu, à notre bonne volonté. Nous saurons lui rendre la part principale qui lui revient et lui accorder les prières qu'il nous demande en finissant.

LETTRE PASTORALE

DE MONSEIGNEUR L'ÉVÊQUE DE CAHORS

RELATIVE

AU VINGT-CINQUIÈME ANNIVERSAIRE DE SA CONSÉCRATION

Pierre-Alfred GRIMARDIAS, par la miséricorde de Dieu et l'Autorité du Saint-Siége Apostolique, Evêque de Cahors,

Au Clergé et aux Fidèles de notre Diocèse, salut, paix et bénédiction en Notre Seigneur Jésus-Christ.

Nos très chers Frères,

Nous célébrions, il y a trois ans, le cinquantième anniversaire de notre ordination sacerdotale. Vous nous donnâtes alors, de votre respect et de votre affection filiale, des témoignages dont nous fûmes profondément ému, et dont le souvenir restera gravé dans le plus intime de notre âme jusqu'à notre dernier soupir.

Et voici que le six août prochain amènera un autre anniversaire, non moins doux à notre cœur. A pareil jour, il y aura vingt-cinq ans, nous recevions la Consécration épiscopale.

Si nous n'écoutions que notre désir, nous passerions ce jour dans la retraite et le silence, nous rappelant les bienfaits du Seigneur, la bonté avec laquelle il jeta les yeux sur nous pour nous placer, malgré notre indignité, parmi les Princes de son peuple, les grâces par lesquelles il nous a soutenu durant ces vingt-cinq années de labeur ; nous ne songerions qu'à rentrer en nous-même pour nous humilier dans le sentiment de notre néant, conjurer la divine miséricorde de ne pas nous imputer les manquements échappés à notre faiblesse, et prendre aux pieds du divin Maître l'énergique résolution de nous consacrer à son service, et à l'œuvre de votre salut, avec un dévouement que nous le supplierions de rendre et plus généreux et plus efficace.

Mais nous n'avons pu résister au désir qu'un grand nombre de nos prêtres nous ont manifesté, outre que l'Église, par ses plus anciens canons, a voulu que la solennité anniversaire de ses Pontifes fut célébrée avec pompe, aussi bien que celle de nos temples.

A vrai dire, ce n'est pas seulement notre humble personne qui doit être l'objet de cette solennité. Lorsque Jésus-Christ daigna nous communiquer la plénitude de son sacerdoce, les liens les plus sacrés furent formés entre nous et vos âmes. L'Évêque consécrateur nous parla de vous et il nous demanda : (1) Voulez-vous enseigner à ces fidèles la chasteté, la modération, l'humilité, la patience ; voulez-vous être bon et miséricordieux pour les pauvres et les affligés ? Et nous, d'un cœur déjà tout rempli d'amour pour le peuple qui nous était donné, nous répondîmes : *Volo*, je le veux. Alors l'huile sainte fut répandue sur notre tête et, en vertu de l'union qui venait de s'établir entre notre âme et vos âmes, elle découla sur vous, comme l'huile versée sur la tête du grand prêtre Aaron descendait autrefois jusqu'au bord du vêtement mystérieux dont il était revêtu (2).

L'Église de Cahors était désormais notre épouse ; nous étions devenu votre Évêque, vous étiez devenus nos fils.

Pour venir à vous, N. T. C. F., nous quittâmes ce que nous avions de plus cher ; nous brisâmes les liens les plus forts ; nous nous séparâmes de cette chère paroisse de la cathédrale de Clermont que nous avions administrée pendant dix-huit années, dont les fidèles nous soutenaient par leur respect et leur affection, nous édifiaient par leur foi et leur piété.

Nous n'étions pas cependant sans appréhensions. Nous pouvions bien dire avec S. Augustin s'adressant aux fidèles d'Hippone : « *Me terret quod vobis sum*, je suis effrayé de ce que je suis devenu pour vous. C'est une lourde tâche d'avoir à reprendre ceux qui troublent la paix de leurs frères, à consoler les pusillanimes, à relever les âmes faibles, à enseigner ceux qui sont sans expérience, à exciter les nonchalants, à réprimer les superbes, à aider les indigents, à délivrer les opprimés, à encourager les bons, à supporter les méchants, à garder envers tous la charité (3) ».

Sans doute, N. T. C. F., on nous avait dit de vous des choses qui nous remplissaient d'espérance : ces choses elles-mêmes, sujet de joie pour nous, devenaient un nouveau sujet de crainte. N'avions-nous pas le devoir de ne laisser dimi-

(1) Pontif. Rom.
(2) Ps. 132. v. 2. et 3.
(3) Serm. CCCXL in die ann.

nuer en rien l'héritage que nous recevions de nos saints Prédécesseurs ? C'était désormais à nous de multiplier le troupeau, de le défendre contre les agresseurs et, dans un siècle mauvais, de faire régner la sainteté des mœurs, de maintenir l'intégrité de la doctrine ; les saints n'ont-ils pas dit qu'un tel fardeau serait redoutable aux anges eux-mêmes (1) ?

Mais quand nous vîmes l'empressement filial avec lequel vous vous portiez au devant de votre Pasteur et de votre Père, la docilité avec laquelle vous receviez nos avis, l'esprit de foi dont vous étiez animés, nous nous sentions réconfortés et, comme le grand évêque d'Hippone, nous fûmes obligé d'adoucir l'expression de notre crainte, en disant avec lui : « Bien que nous soyons effrayé d'être votre évêque, nous sommes grandement consolé de ce que vous êtes nos fils. *Ubi me terret quod vobis sum, ibi me consolatur quod vobiscum sum (2).* »

Aussi, dès les premiers jours, nous nous mîmes à l'œuvre. Nous avions hâte d'aller à vous. Nous aurions voulu, à l'exemple du Bon Pasteur, connaître chacune des brebis de notre troupeau, vous appeler chacun par votre nom, vous consoler tous dans vos peines, vous apprendre à tous le chemin du ciel. Comme l'Apôtre, nous voulions nous proportionner aux besoins de chacun d'entre vous ; en même temps que la parole sainte, nous étions prêt à vous donner notre vie elle-même, afin de vous voir marcher d'une façon digne de Dieu, qui vous a appelés à son royaume et à sa gloire (3).

Ces sentiments n'ont pas cessé de nous animer durant ces vingt-cinq années, et nous osons espérer que, nos efforts ayant été bénis de Dieu, notre ministère n'a pas été vide à ses yeux. Mais si nous avons pu faire quelque bien, c'est, après la grâce divine, à vous que nous le devons.

A vous, prêtres de ce diocèse, qui avez été toujours pleins de déférence pour votre Evêque, dociles à sa voix, fidèles à suivre les conseils qu'il jugeait bon de vous donner. S'il a enseigné les fidèles, c'est par vous. Si, sous son administration, les œuvres se sont multipliées, si elles ont été fécondes, c'est grâce à vous ; c'est grâce à votre bonne volonté et à votre zèle qu'il a pu accomplir sa mission divine, et la gloire vous en revient aussi bien qu'à lui.

Nous vous le devons aussi, pieux fidèles. C'est un point

---

(1) de Imitat. Christi. IV.
(2) S. August. Loco citato.
(3) I. Thessalon. II. 7, 8.

de doctrine que la grâce ne fait rien en nous sans nous (1) ; par conséquent, les efforts de vos pasteurs et les nôtres n'ont obtenu le succès, que parce que vous les avez secondés. Nous devons vous rendre cette justice, N. T. C. F., que vous aimez à entendre leur parole, à prendre leurs avis, à fréquenter le lieu saint, à respecter le Jour du Seigneur, à inspirer à vos enfants le respect de son nom et la fidélité à sa loi. Vous nous en avez donné une preuve nouvelle pendant cette tournée pastorale que nous venons de terminer, et qui nous a procuré tant de consolations.

Quelle est donc notre espérance, notre joie, notre couronne et notre gloire ? N'est-ce pas vous devant Notre-Seigneur Jésus-Christ, au jour de son avènement ? *Quæ est enim nostra spes, aut gaudium, aut corona gloriæ ? Nonne vos ante Dominum Nostrum Jesum Christum estis in adventu ejus (2) ?*

Voilà pourquoi c'est votre droit, chers Coopérateurs, et vous aussi, fidèles bien-aimés, de prendre part à la fête que nous vous annonçons. Vous en êtes l'objet aussi bien que nous. Pour nous, c'est un devoir de vous y convoquer, et nous le faisons en vous adressant les paroles du Psalmiste : *Magnificate Dominum mecum, et exaltemus nomen ejus in idipsum (3),* Glorifiez le Seigneur avec moi, unissons nos efforts pour exalter son saint nom.

La Solennité se célébrera à Roc-Amadour. Nous ne faisons encore ici qu'accomplir un devoir, en même temps que nous cédons au désir de notre cœur. Lorsque nous avons mis pour la première fois le pied sur le sol de ce diocèse, nous avions tenu à ce que l'antique Sanctuaire, dont nous sommes si justement fiers, eut notre première visite. Nous avions hâte de mettre notre ministère sous la protection de notre divine Mère, et depuis ce jour que de titres n'a-t-elle pas acquis à notre reconnaissance !

O Marie, vous n'avez cessez de veiller et sur le troupeau, et sur le pasteur. Votre divin Fils a voulu que toutes les grâces nous arrivent par vous : *Totum nos habere voluit per Mariam (4).* Que de fois nous avons senti l'effet de votre douce et miséricordieuse intervention ! A vos pieds, nous nous sentions éclairé dans nos perplexités, consolé dans nos tristesses, réconforté dans nos accablements. Aussi n'avions-

(1) S. Augustin.
(2) I. Thessalon. II. 19.
(3) Ps. 33. 3.
(4) S. Bernard.

nous pas de joie plus douce que de venir vous offrir nos hommages, d'épancher notre cœur dans le vôtre, de restaurer les monuments que le temps et les révolutions avaient détériorés, d'embellir votre autel, de contempler les foules qui, plusieurs fois chaque année, accourent à vous pour vous témoigner leur amour et implorer vos faveurs.

Après tant de marques de votre bonté, dans cet anniversaire qui nous rappelle la longue suite de vos bienfaits, nous sentons plus que jamais le besoin de vous remercier, de vous bénir, et aussi de demander votre secours pour les années qu'il plaira à Dieu de nous laisser ici-bas.

Car cette journée du 6 août, N. T. C. F., doit être une journée de prière autant que d'actions de grâces. Puisque Dieu daigne prolonger notre séjour sur la terre, il veut que nous nous appliquions à de nouveaux labeurs. Non, nous n'avons aucun droit au repos. Après avoir jeté un regard sur la longue carrière que nous avons parcourue, nous devons oublier les travaux accomplis, et courir avec une ardeur nouvelle au but que Dieu nous propose (1).

Hélas ! si la charge était lourde il y a vingt-cinq ans, ne l'est-elle pas bien davantage par la diminution de nos forces et la difficulté des temps que nous traversons ? Que d'événements accomplis ! Que de bouleversements ! Partout les ruines s'amoncellent, les cœurs sont dans l'angoisse ; on se demande ce que sera cette ère nouvelle qui s'annonce. Oh ! combien votre Évêque a besoin de se sentir soutenu par vos vœux et par vos prières.

Priez donc, vous dirons-nous, en continuant à nous approprier les paroles de S. Augustin : priez afin que le Seigneur allège pour nous le fardeau, *Orate mihi ut non sitis graves,* car le divin Maître ne peut appeler le joug léger, s'il ne le porte avec nous. Prions ensemble, fils bien aimés, afin que les dernières années de mon épiscopat nous soient profitables, à vous et à moi : *Oremus pariter, dilectissimi, ut episcopatus meus mihi prosit et vobis.* Il me servira à moi, si je vous enseigne ce que vous devez faire ; il vous servira à vous, si vous faites ce que je vous aurai enseigné : *Mihi proderit, si facienda dicam ; vobis, si faciatis audita.* Et si nous prions sans cesse avec les sentiments d'une parfaite charité, moi pour vous et vous pour moi, nous arriverons heureusement, avec le secours de Dieu, à l'éternelle félicité : *Si enim, et nos pro vobis et vos pro nobis, cum per-*

---

(1) Aux Philippiens. 3. 13.

fecto caritatis amore, indesinenter oraverimus, ad æternam beatitudinem, auxiliante Domino, feliciter veniemus. Amen (1). Ainsi soit-il.

Et sera notre présente Lettre pastorale lue au prône de toutes les églises paroissiales et Chapelles où se fait l'Office public.

Donné à Cahors, en notre Palais épiscopal, sous notre seing et le sceau de nos armes, le onze mai de l'an de grâce 1891.

† PIERRE, Évêque de Cahors.

III. La fête étant ainsi annoncée et comprise, il s'agissait d'en arrêter le programme.

En pareille matière, la nécessité d'une direction unique est si manifeste qu'il faut songer avant tout à la nomination d'un comité organisateur.

En 1888, pour les fêtes de Cahors, le Chapitre avait composé ce comité de deux de ses membres, d'un curé de la ville et des trois archiprêtres du diocèse. Pour les fêtes de Roc-Amadour, le comité devait nécessairement être composé d'une manière un peu différente. Deux prêtres étaient particulièrement désignés par leur situation pour en faire partie : c'étaient d'abord M. Belvèze, archiprêtre de la cathédrale de Cahors et qui peut être considéré à ce titre comme le doyen du clergé diocésain ; et puis M. l'abbé Laporte, chanoine honoraire, supérieur du pèlerinage de Roc-Amadour : à ce titre, c'est M. Laporte qui devait recevoir, au jour fixé, l'auguste jubilaire, les hôtes illustres qui viendraient s'associer à notre joie, tout le clergé du diocèse et les fidèles qui se joindraient à leurs pasteurs. M. Belvèze et M. Laporte jugèrent à propos de s'adjoindre un troisième collègue : ce fut M. l'abbé Dousset, chanoine honoraire, curé de Castelnau-Montratier et représentant des prêtres qui devaient célébrer cette année les noces d'argent de leur sacerdoce. Par une attention délicate, Monseigneur avait voulu que ce jubilé sacerdotal fût uni avec le sien et célébré le même jour.

Ce comité se réunit à Roc-Amadour le 9 Juin 1891, pour arrêter les principales lignes du programme qu'on devait suivre dans la journée du 6 août.

(1) S. Augustin. Loco citato.

L'article fondamental de ce programme était pour ainsi dire convenu et désigné d'avance. L'Eucharistie est le cœur de la religion. C'est au pied de l'autel que nous nous réunissons, dans la joie comme dans la tristesse, pour remercier et pour prier. Le catholique n'a qu'une manière de fêter un beau jour : toutes ses solennités se célèbrent avec Jésus-Christ et par Jésus-Christ dans le Très-Saint-Sacrement ; tout ce que nous pouvons faire pour nous réjouir dans le Seigneur, en dehors du Saint-Sacrifice et de la Communion, n'est que la décoration ou le complément de ces Augustes Mystères.

La délibération du comité des fêtes devait donc porter principalement sur la Messe pontificale et sur les moyens de la célébrer avec toute la pompe convenable.

Il fut décidé qu'à 10 heures du matin, une immense procession irait chercher le pontife jubilaire et le conduirait de ses appartements à l'autel de l'église Saint-Sauveur. La Messe *In anniversario consecrationis episcopi* serait célébrée avec la plus grande solennité, en présence de NN. SS. les évêques, de tout le clergé et de tous les fidèles que pourrait contenir la vieille basilique. — L'honneur d'assister Monseigneur à la Messe de son jubilé épiscopal serait réservé aux prêtres jubilaires.

Après l'Evangile, on entendrait le discours de Mgr Sourrieu, évêque de Châlons, qui avait bien voulu promettre en cette solennelle circonstance le concours d'une éloquence inspirée par l'amitié, le respect et la piété filiale.

La dette de notre reconnaissance envers Dieu une fois acquittée par le Saint-Sacrifice, il serait permis, du moins aux fils aînés, d'être introduits auprès du père de famille, et Monseigneur pourrait recevoir, dans une immense réunion, tous les membres présents de son clergé. Après le festin spirituel, viendraient les agapes fraternelles que le généreux prélat désirait offrir à ses coopérateurs. Celles-ci se termineraient par des toasts nombreux que les circonstances ne pouvaient manquer d'inspirer.

Enfin, une adresse latine, monument impérissable de cette fête de famille serait lue à Sa Grandeur et déposée entre ses mains avec un riche *album*, celui-ci acheté à frais communs par tous les prêtres du diocèse et revêtu de leur signature. Comme il importait que le texte de cette adresse fût rédigé au plus tôt, les membres du comité la composèrent sur l'heure. L'un d'eux nous assure qu'elle fut rédigée en commun, et comme ils sont également des latinistes consommés, nous devons, quoi qu'il nous en coûte, accepter cette affirmation.

Après avoir arrêté ces dispositions, les membres du comité se séparèrent, laissant à M. le Supérieur de Roc-Amadour le soin de décider lui-même sur toutes les questions nouvelles que pouvait susciter l'exécution d'un tel programme.

IV. Parmi ces dernières, se trouvait la question, secondaire en apparence, mais fort importante en réalité, de l'ornementation intérieure et extérieure du pèlerinage.

Certes l'aspect de Roc-Amadour est par lui-même fort imposant et fort majestueux. Ce site pittoresque ; cette vallée profonde et sauvage ; ces rochers abrupts ; ces édifices suspendus comme des nids d'aigles au flanc de la montagne ; ces églises où l'architecte s'est plu à réunir dans une savante combinaison les divers styles de tous les âges chrétiens ; cette Madone miraculeuse, noircie par le temps, mais entourée d'*ex-voto* et toujours priée par des pèlerins à genoux ; ce tombeau de Saint-Amadour, le Zachée de l'Évangile ; ce Gethsémani où l'on voit couler sur le sol les larmes du Sauveur ; ce chemin de la Croix et cette Grotte du Saint-Sépulcre, au-dessus de laquelle s'élève la Croix de Jérusalem ; tout est de nature à ravir l'admiration, exciter l'enthousiasme et diriger vers le ciel la pensée du chrétien. On peut donc, même en un jour de grande solennité, se contenter de ces merveilles réunies de la nature, de l'art et de la religion, sans craindre que le tableau manque de cadre.

Mais, en ce jubilé épiscopal, en ces noces renouvelées de l'évêque qui a tant contribué à la restauration du Sanctuaire de Marie, ne fallait-il pas que ces lieux vénérés revêtissent eux-mêmes des ornements nouveaux et comme une parure de noces plus brillante et plus gaie ? .. M. le supérieur du pèlerinage et les excellents missionnaires dont l'âme généreuse connaît toutes les ardeurs du zèle et toutes les délicatesses de la piété, crurent nécessaire en effet de modifier en cette circonstance exceptionnelle l'austère majesté de l'antique pèlerinage, et s'arrêtèrent à la pensée d'une multitude de drapeaux arborés au sommet de tous les édifices, dans toutes les avenues, sous les voûtes des églises, et jusque sur les sombres rochers qui surplombent la vallée.

C'est pourquoi, en écrivant à tous les curés du diocèse pour les presser d'accourir à Roc-Amadour, dans la journée du 6 août, avec de nombreux pélerins, M. le Supérieur ajoutait :

« Vous pouvez le croire, les maisons de notre village, nos
» sentiers, nos remparts, nos sanctuaires, tout jusqu'à ces
» sombres roches, prendra pour la journée son plus bel air
» de fête. Mais la parure la plus précieuse, celle qui ravirait
» assurément les yeux et le cœur.de notre évêque, celle qui,
» dès votre arrivée, vous donnerait à vous et à votre peuple
» les plus suaves et les plus fières émotions, celle qui aux
» foules venues de loin inspirerait la plus haute idée et du
» diocèse et de l'évêque, ne serait-ce pas mille drapeaux
» aux couleurs de la Vierge, pavoisant le pèlerinage ; dra-
» peaux offerts par toutes les paroisses, toutes les congré-
» gations, tous les établissements religieux du diocèse ; dra-
» peaux portant leurs noms et disant leur origine ?... Voilà
» pour le 6 août ; mais ces trophées resteront désormais le
» plus bel ornement de nos sanctuaires. Tous les jours
» Notre-Dame du haut de son trône reposera son regard sur
» ces plis sans fin, où parmi ses couleurs préférées, se dérou-
» leront en lignes interminables les noms de toutes les
» paroisses, de toutes les sociétés, de tous les établissements
» religieux de son dévoué Quercy.... »

La lettre se terminait par quelques instructions pratiques relatives à la forme du drapeau, aux ornements dont il pourrait être revêtu et à l'époque où il devrait être envoyé.

L'évènement a prouvé que cette pensée était très belle et très pratique. De toute part on se mit à l'œuvre. On ne s'en tint même pas au modeste drapeau, dont M. le Supérieur avait suggéré l'idée ; en beaucoup d'endroits on confectionna de riches bannières artistement brodées, et, à la veille du 6 août, MM. les chapelains de Roc-Amadour n'eurent que l'embarras du choix entre plus de trente chefs-d'œuvre dont chacun aurait mérité la place d'honneur.

CHAPITRE II

PRÉLUDES DU JUBILÉ

I. En parcourant ces pages, quelques-uns se demanderont peut-être s'il n'en a pas été de cette fête d'un évêque comme de tant d'autres dont nous lisons, de temps en temps, dans les feuilles publiques, les pompeuses relations, et si, parmi les honneurs dont on s'est plu à combler le vénérable prélat, il n'y avait pas beaucoup plus de convenu et d'officiel que de cordiale sincérité.

Une simple observation lèvera ces doutes. Les fêtes officielles sont attendues avec une patiente résignation ; on ne les voit guère précédées par des hommages, ni par des réjouissances anticipés, et elles n'ont guère un lendemain qui leur ressemble. Tout autres ont été les noces d'argent de Monseigneur l'Évêque de Cahors. Trois ans après les noces d'or de son sacerdoce, elles ont pu se célébrer avec le même empressement et le même enthousiasme ; bien plus, toutes les communautés religieuses de son diocèse auraient désiré recevoir le bien-aimé pontife et lui donner leur fête particulière.

Ce bonheur, que toutes ne pouvaient avoir, a été réservé à deux d'entre elles : la communauté de Gramat qui ne se laisse jamais devancer par d'autres quand il s'agit d'honorer le premier pasteur du diocèse, et le Petit Séminaire de Montfaucon qui a toujours été, avec Roc-Amadour, l'objet des prédilections de Monseigneur.

II. Le Jubilé de Monseigneur au couvent de Gramat.

Nous empruntons à la *Revue religieuse de Cahors et de Roc-Amadour* le compte-rendu de cette fête.

Le 9 juin, la maison-mère des religieuses de Notre-Dame-du-Calvaire ouvrait la série des fêtes jubilaires de la vingt-cinquième année d'épiscopat de Sa Grandeur Monseigneur P.-A. Grimardias, Évêque de Cahors.

On avait profité de la visite épiscopale de Sa Grandeur ; on avait voulu faire participer à cette fête les nombreuses pensionnaires de la maison qui, bientôt, vont rentrer dans leur famille. Pour ne point prendre le pas sur les fêtes annoncées, on avait donné à celle-ci un caractère intime et privé. Toutefois, le caractère intime et privé de cette réunion n'a en rien diminué son éclat.

Cette belle cérémonie a eu lieu dans une des vastes salles de l'établissement, merveilleusement décorée.

Autour de la salle, règne un stylobate de verdure d'où s'élèvent des colonnes de fleurs qui vont cacher leurs odorants chapiteaux sous des tentures magnifiques formant entablement. Ces tentures, mi-partie rouge, mi-partie blanc, sont, à des espaces réguliers, relevées par des agrafes de fleurs de lis d'or. Des cartouches, portant des inscriptions en latin et en français, ornent les entre-colonnements. Des lampes nombreuses répandent une douce lumière.

Une merveille de décoration, c'est un parterre transporté dans la salle, parterre de fleurs si moussu, si gazonné, que l'illusion est complète.

Au milieu de ces décorations, des rideaux dans le même goût que les tentures, cachent un petit théâtre où vont se dérouler un drame émouvant et une gaie comédie.

Monseigneur fait son entrée dans la salle de la fête où sont déjà réunis la communauté et le pensionnat. Le piano fait entendre des sons mélodieux.

Le rideau s'ouvre ; la décoration de la scène décèle la même délicatesse et le même bon goût.

Au fond se détache, dans le vide, une barque avec tous ses agrès, habilement découpée et délicatement peinte. L'allusion est visible : c'est l'Église de Cahors, conduite avec sûreté, depuis vingt-cinq ans, par le dévoué pilote que nous connaissons tous.

Le vœu de Jephté nous est annoncé dans le programme. Jephté apparaît suivi de ses compagnons d'armes et de victoires. D'une voix sûre et exercée, le vainqueur chante l'hymne de la reconnaissance et fait le serment d'immoler, en action de grâces, la première âme qu'il rencontrera. En ce moment, sa fille avec ses compagnes, en longs et blancs habits bibliques, se montre dans le lointain. Elle entend les dernières paroles du serment ; elle s'avance et accepte le vœu de son père. Les deux infortunés mêlent leurs larmes et leur résignation dans un dialogue magnifique, magistralement chanté, qui ne nous laisse pas respirer.

Après un intermède, occupé par le piano, le rideau s'ouvre de nouveau, mais cette fois-ci pour deux scènes un peu plus gaies : du *Bourgeois-Gentilhomme*, imitées, bien entendu, de Molière, dont on a enlevé les mots un peu gros tout en lui laissant sa verve hautement comique.

Bien joués, ces rôles, surtout le rôle de Jacques dont la gaieté contagieuse se répand en un clin d'œil. Jacques rit de si bon cœur qu'on rit de le voir rire.

Un chœur bien exécuté termine la partie récréative de cette soirée.

On va fêter Sa Grandeur.

Trois élèves s'avancent. L'une lit un compliment ; c'est bien le meilleur parmi les excellents que nous ayons entendu au Couvent. La seconde lui offre, au nom de la Communauté, une riche étole d'or, emblème de cette autorité épiscopale à laquelle on voudrait être soumis longtemps encore. La troisième ployant sous le faix, lui présente un bouquet, mais un bouquet colossal, le roi des bouquets, un arbre-bouquet. Dessinant une étoile à cinq pointes, mais une étoile de première grandeur, ce bouquet est si ingénieusement composé, que ses énormes proportions ne lui enlèvent rien de sa délicatesse, ni sa qualité de bouquet. Dans le milieu des roses rouges, un peu en saillie, forment une mitre de pourpre. Le lendemain, ce roi des bouquets fleurissait à Roc-Amadour.

Monseigneur sentait bien, sous ces paroles, ce don et ces fleurs, la profonde vénération de cette Communauté pour sa personne. Il a répondu avec une grâce émue à ces vœux si noblement exprimés. Il a remercié la Maison du bonheur que lui causent son bon esprit et sa religieuse vénération.

En sortant de cette fête de famille, où tout était si exquis, si délicat, si mesuré dans la profusion, où les élèves se montraient si bien, si chrétiennement élevées, on ne pouvait s'empêcher de penser à l'illustre Maison de St-Cyr dans laquelle les magnificences royales s'alliaient si merveilleusement à un esprit profondément chrétien.

Henri D'ORGÈRES.

III. Le Jubilé de Monseigneur au Petit-Séminaire de Montfaucon.

Le récit de cette fête est tout entier dans le discours prononcé par M. le Supérieur à la distribution des prix, le 3 août

1891. Voici ce discours d'un maître consommé dans l'art de bien dire.

MONSEIGNEUR,

Il y a vingt-cinq ans, lorsque le saint chrême eut coulé sur votre tête, une voix disait : *Qui benedixerit ei, benedictionibus repleatur.* Votre diocèse a dû vous bénir puisqu'il a reçu la meilleure bénédiction qu'il pût ambitionner, et celle de vous posséder longtemps. Nous espérons tous que cette bénédiction se prolongera encore et que Dieu, en vous accordant les dernières limites de la vie humaine, récompensera le respect et l'amour dont les fidèles et le clergé entourent Votre Grandeur. Nous avons un précieux gage de ces espérances dans cette santé presque inaltérable que des fatigues, même imprudentes, n'ont pu détruire et à laquelle vous n'avez pu, Monseigneur, causer encore que de légers ébranlements. Nous en avons pour gage les prières qui, de tous les points du diocèse, disent à Dieu chaque jour : « Seigneur, accordez à notre Pontife, à notre père la continuité d'une saine vieillesse afin qu'il puisse longtemps encore présider à nos destinées religieuses, et ne l'écoutez pas lorsqu'il vous dira que déjà, il le sent, ses forces l'abandonnent, que le fardeau de l'épiscopat, si longtemps porté, devient enfin trop lourd pour ses épaules, et que son activité ne peut plus suffire à ses devoirs. Son humilité le trompe ; une parole de lui, sa seule présence nous fera toujours plus de bien que la jeune activité d'un autre. »

Avec quelle ardeur cette prière s'élèvera de ces maisons saintes où des âmes pieuses ont tant de fois éprouvé la solidité de vos lumières et la sagesse de vos conseils ! Que votre nom est béni dans ces demeures ! Il ne m'appartient pas de vous dire leurs espérances et leurs vœux. Mon langage aurait peu de grâce pour exprimer des sentiments si délicats.

Mais un petit coin de votre diocèse, Monseigneur, que vous aimez et qui vous aime, veut que je sois auprès de Votre Grandeur l'interprète de ses sentiments. Ces enfants, que vous appelez vos enfants, se sont demandé avec inquiétude comment ils pourraient célébrer votre jubilé épiscopal. Faudra-t-il donc, disaient-ils, que la fête de notre père soit moins animée dans la maison paternelle que partout ailleurs ? Et avec toute l'impétuosité de leur âge, chacun se préparait à vous adresser un discours. Les plus jeunes voulaient dire, en des termes naïfs, toute la vivacité de leur affection, mais ne les trouvaient pas. D'autres essayaient de rencontrer un langage digne si non du héros, au moins du panégyriste, et ils se sont bientôt aperçus que le silence est encore ce qu'ils ont de plus éloquent. Les plus anciens qui ont déjà vu de belles choses et dont l'oreille a entendu le chant des oiseaux et celui des poètes, recueillaient avec empressement toutes les harmonies qui résonnent dans leur âme et en composaient un hymne que devait chanter le chœur des plus grands musiciens connus, Orphée, Homère, Pindare, Virgile, Horace, Lamartine. C'est un poème anonyme, fait par tout un peuple, comme l'Iliade. Ils l'ont un jour déposé furtivement sur mon bureau, en demandant la permission de vous le faire entendre. Ils le croient gracieux comme une fleur, doux comme un parfum, harmonieux comme la voix des Muses. Ils se trompent, mais Votre Grandeur l'écoutera avec toute la complaisance d'un père pour ses enfants.

POÉSIE FRANÇAISE

Écoute, Dieu puissant, notre ardente prière.
De notre saint Pasteur, prolonge la carrière
  En secondant nos vœux.

Que les ans dans sa vie avec gloire s'entassent
Que deux siècles voisins sur sa tête s'embrassent
  Et nous serons heureux.

Que des jours les plus longs il atteigne la fin,
Que ta bonté, pour lui du plus heureux destin
  Remplisse la mesure ;

Mais que de la vieillesse il ignore les maux.
Ranime en sa faveur par des bienfaits nouveaux
  Les dons de la nature.

Un quart de siècle à peine il a pu nous conduire
Que de vices encore il lui reste à détruire
  Dans nos cœurs obstinés !

Fais que son grand esprit et son mâle courage
Triomphant de l'enfer, achèvent cet ouvrage
  Et puis soient couronnés.

Il peut combattre encore, Il veut encor souffrir
Pour faire à ses enfants un brillant avenir
  Dans la gloire éternelle.

Seconde son ardeur ; qu'il ait un corps d'airain,
Qu'autour de lui des maux se précipite en vain
    La foule âpre et cruelle.

Sa sainte mission n'est pas encor finie ;
Qu'il l'achève, Seigneur, et qu'elle soit bénie
    De ta haute bonté.

Ce destin accompli, Dieu tout puissant, ordonne
Que sur son front sacré se pose la couronne
    De l'immortalité.

Quand une fois, Monseigneur, la folie des vers s'est emparée de la jeunesse, elle ne la quitte qu'après le complet épuisement de son génie. Souvent, du reste, ce n'est pas long. Nos jeunes séminaristes ne pouvaient pas échapper à cette loi. Aussi ont-ils eu la fantaisie d'exhumer les muses latines et de demander à ces pauvres ressuscitées une inspiration en votre honneur. Puisque Votre Grandeur s'est aujourd'hui condamnée à une complaisance inépuisable, elle voudra bien écouter ce latin, dans lequel Virgile et Horace auraient de la peine à se retrouver.

POÉSIE LATINE

Te, pater, Ille suo qui fingit sæcula cœlo,
Conservare Deus studeat tibique aggeret annos.
Si flecti precibus, si nostris cedere votis
Ille potest, si nos tanto dignatur amore,
Non te longorum series premet ulla dierum
Non te dejiciet gravis et curvata senectus.
Sed tolles caput arrectum, teque altior ætas
Aspiciet juvenem non ulla mole malorum
Obrutum, ut doleat frustra se viribus usam.
Vince quod invictum per terras omnia vincit
Tempus. At immitis quum te natura vocabit
Tum robustus abi ne te mala plurima tangant
Quæ torquere solent hominum mortalia sæcla.
Hæc pater, hæc hodie natorum vota tuorum.
Falle senectutem, teque ætas ultima fortem
Inveniat tanti nec fractum temporis ictu.
Rupes vivendo patrias æquare memento
Sic Arvernus eris, te sic Arvernia dicet
Esse suum tellusque tibi dabit alma coronam.
At potius, Divona suum te dicet amando
Teque diu mirata senem, te semper habendi
Spem capiet, quis te non semper vellet habere ?

Hunc servate diu, numina, quem pio
Voto poscit amor, quem prece fervidâ,
Qui nostros animos et fovet et regit,
    Quem nostra colimus fide.

Quantum noster amor vixerit, hic suo
Firmus permaneat corpore, nec velit
Imprudens pueros deserere orphanos
    Quos fortuna premat fera.

Olim quum violens vincula corporis
Natura obruerit, semper avarior
Vitæ, quumque feres præmia debita
    Tum finem liceat pati.

Les enfants déjà grands, Monseigneur, mêlent toujours à l'expression de leur tendresse la plus vive et la plus sincère quelque recherche et une certaine coquetterie. En fêtant leur père ils sont empêchés par le respect de déployer toutes leurs grâces. Mais combien un petit-fils sait être naturellement aimable avec son grand-père ! Avec lui il a toutes les audaces de l'amour. Aussi quel plaisir de voir les deux extrémités de la vie humaine jouer ensemble le jeu de la tendresse ! Que de vie, que d'ardeur, que de mouvement dans ce petit enfant qui veut plaire à son aïeul ! Qu'il est beau avec ses cheveux livrés au vent, avec son frais sourire et son front pareil au croissant d'une jeune lune ! Il a cueilli des fleurs, il les porte en faisceau dans sa petite main. Il arrive en courant. Grand père, dit-il, elles sont pour vous, j'ai choisi les plus fraîches et les plus belles. Vous les aimez toujours. Car vous aimez ce qui est jeune et beau. Et l'aïeul, tout rajeuni par ce regard, ces fleurs et cette voix, est tout transfiguré. Sa tête d'argent se penche sur la tête d'or de son petit-fils et il accepte tout, les fleurs, les caresses et l'enfant.

(En ce moment un élève se présente et offre à Monseigneur un magnifique bouquet.)

Toutefois, Monseigneur, les petits-fils qui essayent de vous dire leur tendresse par des chants et des fleurs, sentent bien qu'ils ne doivent pas prolonger un jeu, plus convenable à leur âge qu'à votre dignité, et ils s'arrêtent pour ne pas lasser votre amour, mais heureux d'avoir pu féliciter Votre Grandeur, heureux surtout de penser que bientôt Elle recevra des félicitations plus dignes d'Elle. Plusieurs même iront à Roc-Amadour contempler votre gloire, applaudir avec la foule et, en secret, demander pour vous à Marie de nouvelles bénédictions.

Je n'ose pas, Monseigneur, vous féliciter au nom de mes vénérés collègues. Ils vous diront eux-mêmes leurs sentiments. Leur langage sera moins éclatant que celui de l'enfance ou de la jeunesse. Car le temps qui commence à peser sur nos têtes nous rend plus modérés et plus tranquilles. Déjà quelques-uns d'entre nous sentent le poids des années et les plus jeunes même s'aperçoivent qu'ils ont fait leur entrée dans la prose. Il est pourtant des jours d'allégresse, même pour des enfants devenus hommes. S'ils n'ont pas, à l'égard de leur vieux père, les caresses enfantines et si leur affection est plus grave, ils ne se privent pas néanmoins du bienheureux plaisir de lui être agréable. Eux aussi aiment à lui procurer de douces surprises, et groupés autour de lui dans des circonstances un peu solennelles, ils lui témoignent par d'aimables paroles la joie qu'ils éprouvent de l'avoir auprès d'eux. Quand cette joie leur est ravie, ils sentent que leur cœur est atteint d'une blessure profonde.

S'il pouvait nous convenir, Monseigneur, de faire votre éloge, nous célébrerions avec bonheur vos qualités et vos travaux. Mais la louange, pour être bonne, doit descendre au lieu de monter. Nous ne pouvons donc que former des vœux pour votre bonheur et désirer que toutes les joies épiscopales vous soient accordées. Puissiez-vous rencontrer dans votre diocèse une foi toujours plus ferme, une piété plus vive, une religion plus invincible à l'esprit du siècle. Puissiez-vous, en revoyant des populations qui vous connaissent et vous aiment, constater que l'Esprit de Dieu, communiqué par vos mains sacrées, les anime et que cette Eglise de Cahors, devenue, il y a vingt-cinq ans, votre épouse mystique, demeure fidèle à ses anciennes traditions et à vos conseils. Il vous fut alors demandé si vous vouliez dépenser pour elle tous les trésors de votre heureuse nature, et vous répondîtes : *Volo*. Vous l'avez fait. Vous avez couru jusqu'aux paroisses les plus retirées et les plus humbles, désireux d'annoncer aux petits les grandeurs et l'autorité de la religion. Devant ces peuples ravis, vous avez confirmé par l'autorité de votre parole l'enseignement de vos prêtres, ranimé la foi endormie, secoué l'indifférence, réchauffé la ferveur. Puissiez vous constater aujourd'hui que vos efforts sont bénis du ciel et que votre diocèse est meilleur qu'il n'était à l'aurore de votre épiscopat ! Me trompé-je, Monseigneur, en pensant que la plus douce joie pour une âme d'évêque, à l'époque où nous sommes, est de penser que la religion de son peuple est demeurée intacte et quelle a vaincu toute la propagande de l'impiété et du mensonge ?

Jouissez surtout, Monseigneur, de l'affection respectueuse de votre clergé. L'union entre vous et lui fut rapide, et le temps n'a fait que cimenter cette première sympathie. Au premier bruit de votre nomination, on fut heureux d'apprendre que vous aviez reçu le jour parmi les fortes et généreuses populations de l'Auvergne et que l'illustre église de Clermont vous avait enseigné l'art de connaître les hommes et de les conduire. De ce sol et de cette église on attendait un pasteur excellent. Vous avez, Monseigneur, dépassé toutes ces espérances. Votre clergé fut toujours heureux, aujourd'hui il est fier de vous posséder. Il bénit la Providence de cette vigueur qu'elle vous a donnée, et comme il a depuis longtemps contracté l'habitude de vous aimer, il ne veut pas croire qu'il puisse vous perdre et vous prie de contracter vous-même l'habitude de vivre.

Vos prêtres se promettent de vous rendre encore plus heureux par un redoublement de piété filiale. Car, presque tous, nous sommes vos enfants. Vous nous avez conféré le sacerdoce et assigné notre poste de travail et de combat. C'est à vous que nous avons toujours obéi. Ah ! si Votre Grandeur peut se dire : mon clergé n'est pas indigne de moi ; il travaille, lui aussi, à élever l'âme du peuple, à le préserver des funestes influences, à lui inspirer la vertu, à lui donner le désir des choses éternelles, votre vœu le plus ardent est exaucé et vous ressentez la meilleure joie qui puisse animer un cœur d'évêque.

Pourquoi sommes-nous impuissants à vous en procurer une qui mettrait le comble à votre bonheur ! Depuis le premier jour de votre épiscopat, de grands évènements se sont accomplis, heureux ou malheureux pour les peuples. Votre Grandeur a vu la France humiliée, l'Allemagne montant au-dessus de l'Europe, un grand trône renversé, le Pontife romain emprisonné, la religion en proie à d'hypocrites persécutions. Elle assiste à une redoutable émancipation du peuple, elle peut entendre gronder les orages de l'avenir ; elle voit la France mutilée, amoindrie et elle ignore si cette nation, jadis glorieuse, nourrit encore des espérances ou des illusions. Peut-elle espérer autant qu'elle voudrait l'union de tous ses enfants, quand les uns ont dit tant de fois des autres et avec tant de haine : Voilà l'ennemi ! Cependant, qu'il serait doux à votre âme toute française de voir la justice reprendre son empire sur les lois, toutes les libertés légitimes rendues aux citoyens, les causes de haine ainsi dissipées, et tous les enfants de là patrie concourant avec un égal dévoûment à sa prospérité !

Vous connaissez, Monseigneur, un vieillard respecté de tout l'univers qui partagerait cette joie C'est celui qui nous a appelés : *nobilissima Gallorum gens,* celui qui dirige avec tant d'éclat les destinées de l'Eglise, celui qui, dans Rome, éclipse son royal oppresseur et qui, dépouillé de son trône, est l'arbitre des rois, l'immortel Léon XIII. Vous nous permettez bien, Monseigneur, d'unir son nom au vôtre en ce jour de fête et de former pour lui les vœux que nous formons pour vous.

IV. Soirée du mardi, 4 août. — Toast de M. l'abbé Monteil, nommé chanoine honoraire.

Le lendemain de la distribution des prix aux élèves du Petit-Séminaire, Monseigneur arriva à Roc-Amadour.

Ainsi que M. le Supérieur du pèlerinage l'avait annoncé dans sa lettre du 9 juin, et grâce aux nombreux envois déjà arrivés de tous les points du diocèse, Roc-Amadour avait déjà pris un air de fête véritablement merveilleux. M. l'abbé Amadieu, M. l'abbé Arlet et M. l'abbé Mabru, chapelains, avaient été spécialement chargés de tous les soins relatifs à la décoration intérieure et extérieure des sanctuaires, et s'étaient acquittés de leur tâche avec un goût parfait. Des drapeaux, des oriflammes et des bannières flottent partout, et, quoique les ornements soient semés avec profusion, il n'en est pas un qui semble superflu ou déplacé.

Les bannières de soie et d'or flottent dans la chapelle miraculeuse et dans l'église Saint-Sauveur. On s'arrête ravi devant celles de Marseille et de Clermont. Ces deux précieuses bannières nous témoignent qu'au loin on se souvient aussi de Monseigneur et qu'on s'associe à notre fête. Mais beaucoup d'autres, qu'il serait malheureusement trop long d'énumérer ici, excitent encore l'admiration.

Au dehors sont arborés les oriflammes et les drapeaux :

« Drapeaux à la grande porte qui donne accès à la monta-
» gne ; drapeaux à chaque station du chemin de la Croix ;
» drapeaux au bord de l'allée supérieure qui avoisine la Croix
» de Jérusalem ; drapeaux le long des remparts ; le château
» en est tout pavoisé. Et, comme couronnement, flottent en-

» semble sur la tourelle, confondant leurs couleurs, les
» drapeaux de la Vierge, du Souverain Pontife et de la
» France (1). »

Il serait difficile d'évaluer, même approximativement, la valeur de ces fines broderies, dont plusieurs exécutées sur le fond le plus riche, sont de véritables objets d'art :

Materiam superabat opus. .

Tous ces dons de la piété filiale semblent vouloir porter jusqu'au ciel le magnifique témoignage de nos sentiments à l'égard de l'excellent pontife que la Providence nous a donné et conservé si longtemps. Monseigneur a compris ce langage symbolique ; à l'aspect de ces merveilles, son cœur s'est attendri et il a été ému jusqu'aux larmes : un tel début lui présageait de bien douces émotions.

Parmi ces missionnaires de Roc-Amadour qui sont l'honneur et l'espoir du diocèse de Cahors, il en est un que son zèle persévérant et ses succès dans la chaire chrétienne appelaient depuis longtemps aux honneurs du canonicat. Monseigneur n'attendait qu'une occasion particulièrement favorable pour décerner à M. Monteil la récompense de ses mérites et saisit à propos celle que lui offrait la solennité de son propre jubilé épiscopal. La promotion du nouveau chanoine honoraire, quoique prévue et annoncée quelques jours auparavant, est datée du 6 août, et cette date est significative : Monseigneur donnait ainsi à tous les chapelains de Notre-Dame le témoignage de satisfaction bien dû à leurs communs efforts, et un de ces encouragements qui sont toujours si utiles même au zèle le plus pur.

Il appartenait par conséquent à M. l'abbé Monteil de remercier Sa Grandeur en son propre nom et au nom de ses collègues. C'est ce qu'il fit l'avant-veille du Jubilé, au repas du soir, dans un toast où ses amis reconnaîtront facilement son âme ardente et son style si coloré.

TOAST DE M. LE CHANOINE MONTEIL

Monseigneur,

Vos fêtes seront belles !

Nos sanctuaires sont prêts : On dirait une basilique nationale dans laquelle un peuple vainqueur se prépare à chanter le *Te Deum* d'actions de grâces !

(1) *Revue religieuse*, 15 août.

Demain, par toutes les avenues, commenceront à affluer à Roc-Amadour des foules amenées par la piété et la reconnaissance.

Après-demain arriveront vos prêtres. Il y aura des empêchés, il n'y aura pas d'absents : tous seront ici de cœur !

Mais on s'est ému, même au loin, de nos fêtes, et vos collègues dans l'épiscopat veulent en être.

Après-demain, comme vous l'écrivait naguère l'éminent archevêque de Bordeaux, l'Église de France, représentée auprès de vous par une nombreuse couronne de ses princes, le chef lui-même de l'Église universelle, en la personne de ce prélat (1) venu tout exprès pour ce jour du centre de la Catholicité, entoureront de leurs hommages notre vénéré et bien aimé Jubilaire et exalteront à l'envi ses vertus et ses œuvres.

Mais, Monseigneur, puisque nous sommes encore seuls à jouir de votre présence, permettez que nous préludions à vos fêtes et que nous en chantions, ce soir, pour ainsi dire l'invitatoire et la première hymne.

Notre devoir d'ailleurs ne créerait-il pas votre droit à cette filiale démonstration ? Puisque Votre Grandeur veut bien honorer en mon humble personne mes excellents et chers collègues, ne m'autorise-t-elle pas, par le fait même, à interpréter leurs sentiments ?

Monsieur le Supérieur ne le trouvera pas mauvais : notre initiative n'est pas une émancipation. Il sait très bien que sa présence n'apporte dans notre vie aucune gêne et qu'en chacun de nous, il a un subordonné respectueux et dévoué.

Et puis, Monseigneur, dans son extrême modestie, M. le Supérieur se complairait à dire combien, sous ses prédécesseurs, votre épiscopat fut fécond pour Notre-Dame.

Mais voudrait-il ajouter que, grâce à son concours aussi zélé qu'intelligent, Votre Grandeur a mené à bonne fin, en ces neuf dernières années, tout ce qu'Elle a entrepris pour la résurrection et le développement de ce pélerinage ?

Laissez donc, Monseigneur, cette famille de Roc-Amadour, consciente, fière et heureuse de votre prédilection, vous adresser, en cette circonstance, un mot, le seul qu'il lui appartienne de prononcer en ce jour et qui, dans sa simplicité respectueuse, dira tout : « Monseigneur, vingt-cinq ans vous

---

(1) Mgr Mourey, Auditeur de Rote, arrivé quelques heures auparavant.

» avez été l'âme de Roc-Amadour ! Roc-Amadour vous aime
» de toute son âme. Tout ici prie en votre faveur la Mère de
» Dieu. Vous avez tant et si bien fait pour Elle ! On proclame
» de tout côté que, sous votre épiscopat, Roc-Amadour sera
» redevenu tout ce qu'il semble pouvoir être ! Quand on a,
» comme Notre-Dame de Roc-Amadour le possède en votre
» personne, un excellent serviteur, on n'en change qu'à la
» dernière extrémité ! *Ad multos annos !!* »

V. *Arrivée de NN. SS. et des principaux membres du clergé, invités par Monseigneur.*

Le lendemain, à diverses heures de la journée, arrivèrent les évêques que Monseigneur avait invités à ses noces d'argent.

Parmi ses collègues dans l'épiscopat, l'évêque de Cahors compte beaucoup d'amis : ce sont, croyons-nous, tous ceux qui, à quel titre et à quelle époque que ce soit, ont eu l'occasion de le fréquenter ou de le connaître. Tous auraient été heureux de venir se joindre à nous, au jour de son jubilé épiscopal, pour lui adresser leurs félicitations. Dans l'impossibilité où ils étaient de faire ce voyage, le plus grand nombre ont dû se contenter de lui envoyer par lettre l'expression de leur sympathie et de leurs vœux.

Plus heureux, onze prélats ont pu accepter l'invitation de Monseigneur. Ce sont Leurs Grandeurs :

Mgr Fonteneau, archevêque d'Albi ;
Mgr Gouzot, archevêque d'Auch ;
Mgr Bourret, évêque de Rodez ;
Mgr Boyer, évêque de Clermont ;
Mgr Dénéchau, évêque de Tulle ;
Mgr Fiard, évêque de Montauban ;
Mgr Pagis, évêque de Verdun ;
Mgr Renouard, évêque de Limoges ;
Mgr Sourrieu, évêque de Châlons ;
Mgr Baptifolier, évêque de Mende ;
Mgr Mourey, auditeur de rote pour la France.

En outre, Mgr Cœuret-Varin, évêque d'Agen était représenté par son vicaire-général, Mgr Rumeau.

Enfin, M. Chaix de la Varenne, archiprêtre de la cathédrale de Clermont, représentait l'ancienne paroisse de Mgr Grimardias.

On vit également arriver les vénérables doyens de notre clergé diocésain, presque tous les membres du Chapître ; MM. les archiprêtres de Cahors, de Figeac et de Gourdon ; M. le Supérieur du Petit Séminaire de Montfaucon, le R. P. Polycarpe, directeur de l'établissement des Petits-Carmes, à Cahors, etc., etc.

Le vaste château, résidence de M. le Supérieur et des Missionnaires de Roc-Amadour, était bien étroit pour recevoir des hôtes si illustres et si nombreux ; mais, en pareille circonstance, les plus grands savent se faire petits et se contenter de peu.

VI. *Entrée solennelle de Monseigneur dans la ville de Roc-Amadour.*

En convoquant pour les noces d'argent de l'évêque qui a fait tant de bien à Roc-Amadour, le diocèse tout entier et tant de grands personnages, on n'avait pas oublié les habitants eux-mêmes de Roc-Amadour. C'eut été du reste méconnaître leurs sentiments et leur faire une injure gratuite que de ne point compter sur eux. Cette population profondément chrétienne avait droit à une place d'honneur et elle se montra digne de l'occuper.

Pour donner satisfaction à ses légitimes désirs, il avait fallu organiser deux manifestations : l'une pour toute la population virile de la commune, et l'autre spécialement pour le corps municipal.

M. le Supérieur avait chargé du soin de la première M. l'abbé Bonhomme, à qui son affabilité, son entrain et sa grande popularité assuraient l'obéissance de tous et le succès le plus complet.

M. l'abbé Bonhomme eut la pensée de convoquer tous les hommes valides de la paroisse et de les inviter à faire à Monseigneur une garde d'honneur qui irait recevoir Sa Grandeur à l'Hospitalet et l'accompagnerait à son entrée solennelle dans la ville. Deux cents hommes répondirent à cet appel ; il y eut même un piquet de cavalerie en costume militaire.

Cette première démonstration eut lieu le mercredi, à 5 heures du soir. Monseigneur s'étant rendu à l'Hospitalet y fut accueilli par tous ces hommes et une grande foule de peuple, et prit place sous l'arc de triomphe qui se dressait en face de l'église. En ce moment, le commandant de la garde d'honneur, le jeune Baptiste Lamothe, s'avança auprès de Sa Grandeur et lui donna lecture de l'adresse suivante :

ADRESSE DU COMMANDANT DE LA GARDE D'HONNEUR

Monseigneur,

Après avoir donné à Cahors les fêtes des noces de votre Sacerdoce, vous avez bien voulu réserver pour Roc-Amadour les splendeurs de celles de votre Épiscopat. Vraiment pour nous la Vierge vous inspira et nous a valu ce bonheur. Impossible pourtant de n'être ici que des témoins.

Les jeunes gens et les hommes de la paroisse ont réclamé un rôle dans ces solennités. Sans doute, ils ne feront point la plus belle part de la fête, mais ils seront du moins arrivés les premiers. Comptez, nous y sommes tous ! et ne trouvant mieux pour vous faire honneur, nous nous sommes formés en bataillon.

Voyez, Monseigneur, nos jeunes cavaliers d'avant-garde ouvrant fièrement la marche ; nos tambours battent fort ; nos étendards flottent dans les airs ; nos soldats de tout âge présentent bien les armes et frémissent dans le rang. Jamais personne ici ne reçut pareille escorte.

Mais, nous ne vous quittons pas encore et jusqu'au bout nous voulons vous faire cortége. Oh ! descendez, vénéré prélat, tout n'est pas fini : là-bas les hommages de nos chefs, les maisons pavoisées, les guirlandes, les couronnes, les acclamations vous attendent. Marchez, Monseigneur, et prenez bien le pas des triomphateurs, comme autrefois le prenait à Roc-Amadour le duc d'Aquitaine couronné ! mais si brillant que fut son triomphe, il ne dut pas être encore comme le vôtre — et si enthousiaste du côté du peuple et si pacifique et si heureux du côté du héros.

Pénétrez dans nos murs ; passez sous nos vieilles portes parées comme au jour des belles ovations ; entrez ; vous serez chez vous, la ville vous appartient : vous l'avez prise par vos bienfaits.

Ici, Monseigneur, sur la montagne et sur nos têtes, se balance au vent le drapeau de la Vierge ; à ses pieds nous avons mis votre blason. C'est pour la vie, les voilà tous deux inséparables et, dans un même sentiment d'amour et de reconnaissance, nous garderons toujours unis un Sanctuaire dont nous sommes si fiers et un Evêque qui l'a tant illustré.

Ce discours enthousiaste, tout empreint de générosité et de foi chrétienne, ne pouvait que plaire et plut vivement à Monseigneur. Sa Grandeur remercia tous ces hommes des bons sentiments qu'ils venaient lui exprimer et les engagea à y persévérer pour se montrer dignes de posséder un des sanctuaires les plus anciens et les plus vénérés de la Vierge Marie.

Ces paroles furent accueillies par des cris de Vive Monseigneur !... et le cortège s'ébranla pour descendre dans la ville.

A son entrée dans la vieille cité, Monseigneur allait recevoir un hommage particulièrement significatif dans les temps que nous traversons. C'est là que M. le comte de Montmaur, maire de Roc-Amadour, et le conseil municipal tout entier attendaient Sa Grandeur pour lui offrir des premiers leurs félicitations. Quand l'évêque fut descendu de sa voiture, un chœur de jeunes filles, formé et dirigé par les excellentes religieuses de Gramat, exécuta un délicieux morceau de musique qu'on eût dit composé exprès pour la circonstance ; puis la voix de la piété se tut comme pour céder la parole à l'autorité civile. M. le maire s'avança et d'une voix émue exprima en ces termes des sentiments aussi honorables pour celui qui les ressent que pour celui qui en est l'objet :

« Monseigneur,

« Je ne puis laisser passer ce jour de fête sans venir avec
» mon conseil municipal et tous mes administrés dont les
» sentiments envers votre Grandeur sont unanimes, vous
» remercier des bienfaits dont vous comblez la Commune de
» Roc-Amadour.

» Nous savons, Monseigneur, combien vous aimez ces lieux
» si chers à l'Auguste Mère de Celui que vous représentez si
» dignement dans le diocèse de Cahors. Mais vous ne vous
» contentez pas de les aimer : vos visites font notre joie, vos
» pèlerins notre prospérité, et vos prêtres notre édification,
» comme Marie fut notre gloire !

» Daignez, Monseigneur, nous continuer votre bienveillan-
» ce et vos bontés, et daigne en retour la Vierge Marie vous
» conserver encore longtemps à la tête de l'Église de Cahors
» et du pèlerinage de Roc-Amadour : Vive Monseigneur ! »

La foule répéta ce cri, et le silence ne se rétablit qu'à grand'peine pour permettre à Monseigneur une courte réponse. Sa Grandeur remercia le digne magistrat des pensées si chrétiennes dont son discours était rempli, lui rappela qu'en effet sa première visite à son entrée dans le diocèse de Cahors avait été pour Roc-Amadour, et qu'une des principales préoccupations de son épiscopat avait été la restauration de l'antique pélerinage. — « Je ne demande, ajouta-t elle, qu'à continuer mes bienfaits à Roc-Amadour, et ne suis nullement pressé de vous quitter. Puisse l'administration municipale seconder toujours l'administration religieuse, comme elle le fait, Monsieur le Maire, sous votre direction si éclairée ! »

Après avoir prononcé ces paroles qui furent couvertes d'applaudissements, Monseigneur parcourt à pied la longue rue de la ville jusqu'au bas du grand escalier. — « Il passe sous de nouveaux arcs de triomphe, et voit les vieilles maisons qui bordent la rue, disparaître pour ainsi dire sous la verdure, les drapeaux et les lanternes vénitiennes qui les décorent. L'escalier aussi est orné de verdure à profusion. Le prélat toujours escorté de sa garde d'honneur en gravit les interminables degrés, et entre dans la chapelle miraculeuse pour y donner le salut solennel.

« A huit heures des lanternes vénitiennes sont allumées le long des remparts ; mais la pluie, ce trouble-fête, ne tarde pas à les éteindre. » (1)

---

(1) *Revue,* pages 742.

CHAPITRE III

LE JOUR DU JUBILÉ

§ 1. — Cérémonie du matin.

I. « Enfin, la voici arrivée cette journée du 6 août tant désirée et qui devait être si belle ! L'attente n'a pas été trompée. Les nuages menaçants de la matinée se dissipent comme par enchantement ; le soleil brûlant du mois d'août ne se montre pas, à la vérité, mais on ne peut que s'en applaudir.

» Le matin, toutes les cloches font entendre leurs joyeux carillons pour annoncer la fête. De nombreuses voitures surchargées de pèlerins sillonnent toutes les avenues ; les trains amènent de véritables foules.

» A 10 heures, Monseigneur l'Évêque de Cahors, précédé de 400 prêtres en habit de chœur, et des dix prélats annoncés auxquels est venu se joindre Mgr l'Évêque de Verdun, quitte le château et descend aux sanctuaires en suivant les lacets de la montagne. Les prêtres chantent le psaume *Lætatus sum in his quæ dicta sunt mihi : in domum Domini ibimus*. Par intervalles la musique des Frères de l'école chrétienne de Gramat fait entendre ses meilleurs morceaux. Les évêques vont se placer sous un énorme baldaquin en face du trône pontifical où le pontife jubilaire est assis, revêtu de ses plus riches ornements pontificaux, entouré et assisté des prêtres qui célèbrent le 25e anniversaire de leur ordination.

» Aussitôt après le chant de Tierce et immédiatement avant l'introït de la Messe, Mgr Mourey, auditeur de rote, monte sur le marchepied de l'autel et donne lecture de la lettre suivante (1) :

---

(1) *Revue religieuse.*

Lettre de l'Eminentissime cardinal Rampolla, secrétaire d'Etat de Sa Sainteté, à Monseigneur Pierre-Alfred Grimardias, évêque de Cahors, comte romain, assistant au trône pontifical.

Illustrissime et Révérendissime Seigneur,

Le Saint Père, dans sa bienveillance toute particulière pour Votre Seigneurie Illustrissime et Révérendissime, s'associe du fond de l'âme aux démonstrations d'attachement par lesquelles plusieurs de vos collègues dans l'Épiscopat, le clergé et les fidèles du diocèse de Cahors s'apprêtent à célébrer le vingt-cinquième anniversaire de votre consécration épiscopale.

Ces manifestations sont un beau témoignage de la vénération, de la gratitude et de la déférence que Votre Seigneurie a su concilier à sa Personne dans le long exercice de son ministère pastoral.

Aussi l'Auguste Pontife tient à se féliciter avec vous de cet heureux évènement : de plus, Il implore ardemment du Ciel pour Votre Seigneurie une nouvelle suite d'années nombreuses et prospères afin que vous continuiez à l'Eglise et à Votre troupeau les services que Votre zèle leur a rendus jusqu'à ce jour.

Et comme gage des faveurs célestes, Sa Sainteté envoie du plus profond de son cœur à Votre Seigneurie et à tous ceux qui assisteront à sa messe jubilaire la BÉNÉDICTION APOSTOLIQUE.

Heureux moi-même de porter ce message à Votre connaissance, je m'unis aux félicitations du Saint-Père et avec les sentiments de la considération la plus distinguée, j'aime à me dire

De Votre Seigneurie illustrissime et révérendissime

      Le dévoué serviteur.

Rome, 21 juillet 1891.

    Signé : Cardinal RAMPOLLA.

Puis la Messe commence. L'Église célébrait en ce jour la fête de la Transfiguration de Notre-Seigneur. Mais au jour anniversaire de son sacre, il était permis à un évêque de substituer à la Messe de la Transfiguration une Messe plus en rapport avec la circonstance. On lui substitua, comme nous l'avons annoncé plus haut, la Messe : *In anniversario consecrationis episcopi.*

Certes nulle autre ne pouvait mieux convenir aux noces d'or de Monseigneur Grimardias. « Souvenez-vous, ô mon Dieu, dit l'Introït, de David et de sa grande douceur ! » — « Tout pontife, choisi parmi les hommes, dit l'épître, est institué pour servir les hommes dans les choses de Dieu, afin d'offrir et de sacrifier pour leurs péchés. Il saura compatir à l'ignorance et à l'erreur.. » Quel autre mieux que notre évêque a compris ainsi ses devoirs ?... Aussi peut-il également s'appliquer ces paroles de la Communion : *Beatus servus quem quum venerit dominus invenerit vigilantem : Amen dico vobis, super omnia bona sua constituet eum.*

II. Après l'Évangile, Mgr Sourrieu paraît en chaire et lit le discours suivant qu'on écoute avec une religieuse attention, et qu'on relira, croyons-nous, avec délices et grand profit. Monseigneur l'évêque de Châlons est du petit nombre de ces maîtres de la parole qui ne perdent pas, qui gagnent au contraire à être lus.

DISCOURS DE MONSEIGNEUR SOURRIEU, ÉVÊQUE DE CHALONS

Cùm leges custodirentur, propter Oniæ pontificis pietatem et animos odio habentes mala, fiebat ut et ipsi principes locum honore dignum ducerent. — II. Mach. III. 1 et 2.

Le règne du pontife Onias avait soutenu l'autorité des lois et celle des gens de bien : et à l'étranger, beaucoup d'éminents contemporains honoraient son pays à cause de lui.

MONSEIGNEUR,

Lorsque le diocèse de Cahors ouvrit ses portes pour vous recevoir, il y a vingt-cinq ans, ceux qui observaient alors vos impressions et celles du peuple, pressentirent que votre patrie nouvelle, le Quercy, prendrait vite dans votre cœur autant de place que la belle Auvergne. Depuis, les rapports entre l'Évêque et son diocèse ont formé une chaîne de réciproques bienfaits, dont l'éminent Évêque de Rodez retraça le tableau dans un discours magistral le 27 juin 1888, cinquantième anniversaire de votre sacerdoce. Votre clergé et votre peuple ont voulu célébrer aussi le vingt-cinquième anniversaire de votre épiscopat, et ils ont eu raison. Car, dit Saint Grégoire de Nazianze, « il n'est pas sage de livrer à l'oubli les hommes de Dieu, alors que tant d'hommes funestes reçoivent des apothéoses. » *Neque pium, neque tutum, cùm impiorum hominum vita memoriæ prodatur, eximios pietate viros silentio prætermittere.*

On m'a demandé de porter la parole dans cette fête : je n'y ai aucun titre, excepté celui qui est écrit sur les marches de cette basilique, où je reçus de vos mains le sacre épiscopal, et où l'humble serviteur de ce sanctuaire devint par là votre fils. Si j'avais les accents d'un fils comme j'en ai les entrailles, il n'y aurait aucun contraste entre le sujet et le discours : mais puisque la langue a des défaillances, même quand le cœur n'en a pas, ne voyez en moi, Messeigneurs et mes Frères, qu'un débiteur soucieux d'acquitter sa dette dans la mesure de ses forces. « *Orationem accipite a dignitate paterna longe remotam..... ita me ære quodam liberabo.* (1) »

Vous voulez que je trace l'histoire épiscopale de votre Pontife : je vais l'essayer. Je prends pour guide l'historien des Machabées ; les trois œuvres importantes qu'il attribue au grand-prêtre Onias sont justement celles de votre premier pasteur : je veux dire l'affermissement du peuple dans la loi divine « *cum leges custodirentur* » ; la consolidation de l'autorité sacerdotale « *propter pontificis pietatem et animos odio habentes mala* » ; le renom et l'honneur du diocèse auprès de beaucoup de contemporains distingués « *fiebat ut et ipsi principes locum honore dignum ducerent.* » Ces trois caractères résument l'épiscopat de Monseigneur Pierre-Alfred Grimardias, évêque de Cahors.

* * *

La fidélité collective des masses populaires a une importance souveraine. Entre autres résultats, elle assure le recrutement du clergé qui sort du peuple comme les fleuves sortent des profondes chaînes de montagnes ; elle protège aussi la foi des classes supérieures. Dans les temps où les

---

(1) Saint Grégoire de Nazianze.

principes sont obscurcis, l'honnête poitrine du peuple agricole est le tabernacle où la vérité divine est conservée. Un jour ou l'autre les sceptiques désabusés s'en rapprochent et la consultent, comme Saint Jean consulta la pensée divine en couchant sa tête sur la poitrine de Jésus. Ils se disent que la vérité est sans doute mise à la portée de tout le monde comme la lumière, comme l'air, comme l'eau, comme tout ce qui est nécessaire ; que la Providence aura donné aux esprit simples un moyen facile de la trouver, et qu'il y a sagesse à penser comme eux.

Lorsque Mgr. Grimardias prit la direction du diocèse, la fidélité chrétienne du Quercy était renommée, mais elle n'était pas à l'abri des dangers communs à toute la France. Pour la préserver, il s'appuya principalement sur la vigueur héréditaire de votre raison, sur la popularité de vos institutions religieuses, et sur l'autorité de vos gloires chrétiennes.

J'appelle vigueur héréditaire de votre raison l'estime que vous faites des idées justes et fortes : elle est générale dans ce pays.

Vous n'avez jamais conçu le contrat de mariage sans le sacrement, ni la naissance sans le baptême, ni l'école sans la religion, ni la semaine sans la sanctification du dimanche, ni le péché sans la pénitence, ni la mort sans les sacrements de l'immortalité. Telle est votre raison, telle aussi votre conscience : elle n'est pas comme dans certaines classes un fragile tissu de mousseline que le moindre coup de vent déchire ; elle est vigoureuse, elle est résistante ; c'est une cuirasse de fer.

Pour conserver fidèlement cette trempe, il vous fallait un évêque d'esprit clair et sobre, préférant à tout les données expérimentales, allant de paroisse en paroisse, exposant la doctrine par les côtés que tout le monde saisit et qui saisissent tout le monde. Il vous fallait un évêque qui de plus revêtit la vérité du manteau de la charité, parlât par les œuvres de miséricorde, et portât dans toutes les chaires la couronne des bienfaiteurs.

Dieu vous a fait cette grâce, mes très chers Frères ; sous l'impulsion de votre premier pasteur, cet enseignement a rempli pendant vingt-cinq ans vos églises ; votre clergé a rendu le diocèse semblable à la vaste forêt que S. Boniface, premier apôtre de la Germanie, vit en songe, et dont toutes les profondeurs étaient éclairées par des flots de lumière. Cette lumière partait d'un livre, c'était l'Evangile.

L'évêque de Cahors a consolidé votre foi par un autre

moyen, qui est la popularité de vos institutions religieuses.

Réduit à me borner, et je le regrette, je nomme seulement les congrégations enfantées par le diocèse. Et qui ne sait la direction à la fois discrète et féconde qu'il leur a toujours donnée ? Voyez les sœurs de la Miséricorde (1) si laborieuses et si ferventes ; les sœurs de l'Union (2) nées sous les ombrages de Ste-Colombe et si dignes d'en porter le nom ; les filles de Jésus (3), si étroitement liées au Quercy, dont le grand nombre prouve la fécondité. Voyez les sœurs de Notre-Dame du Calvaire (4) dont le berceau s'épanouit magnifiquement près d'ici, comme un grand vase de fleurs taillé dans la pierre, et qui sont l'honneur de votre diocèse par le parfum qu'elles exhalent, soit à Paris, soit en d'autres grandes cités.

Le spectacle des vierges chrétiennes enseignant la foi aux enfants fortifiait la piété des mères et adoucissait l'amertume de nos malheurs. En voyant l'effort des sectaires pour tarir toutes les sources de la vie chrétienne, nous regardions leurs écoles et l'espérance remontait dans nos cœurs. Nous nous disions, avec S. Grégoire-le-Grand, que la virginité est une protection pour la patrie. Nous éprouvions la sécurité d'Henri IV et de Bérulle, de Louis XIII et de Richelieu quand ils donnaient à l'établissement des Carmélites en France la solennité d'un évènement national. Hélas ! le maintien des lois fiscales qui précipitent les congrégations religieuses vers la ruine nous dispute cette dernière confiance !....

Mais la prévoyance de l'évêque de Cahors n'aura pas été en défaut, car il a donné un autre appui à la foi populaire : c'est celui de vos gloires locales. Le temps m'interdit d'en citer un grand nombre, je me bornerai à la plus ancienne et à la plus récente : Roc-Amadour et le martyr Perboyre.

C'est parce que Roc-Amadour est votre gloire qu'il est le rempart de votre foi. Il vous rapelle que vous avez pour premier ancêtre dans l'Evangile un contemporain, un disciple, un ami personnel du Sauveur. *Quod vidimus, quod audivimus, quod manus nostræ contrectaverunt de verbo vitæ.* (5) Il vous rapelle que si la France est la fille aînée de l'Église, vous êtes parmi les fils aînés de la France chrétienne.

(1) A Montcuq.
(2) A Sainte-Colombe.
(3) A Vaylats.
(4) A Gramat.
(5) I. Jean. I. 1.

Il vous rappelle que si l'autel de Chartres est la dernière page des prophéties sur la mère de Dieu, (1) l'autel de Roc-Amadour est la première page de l'histoire de son culte.

Combien de fois, assis sur un rocher de cette montagne, la tête penchée sur la Bible, j'ai lu et relu le passage suivant du livre de Tobie (2) : « Mon fils, écoute ma dernière volonté, *audi, fili, verba oris mei*. Quand j'aurai rendu mon âme à Dieu, quand tu auras déposé mon corps au lieu destiné à ma sépulture, *cùm acceperit Deus animam meam, corpus meum sepeli*,... honore ta mère qui a tant et si longtemps souffert pour toi, *et honorem dabis matri tuæ, memor quot et quanta passa sit propter te*. Et après sa mort, réunis ses restes avec les miens, *et sepelies eam juxta me*. » Arrivé à cet endroit, je fermais la Bible, je transposais les paroles ; je les appliquais non pas à Tobie, mais à Jésus. Je croyais voir le divin Rédempteur, dans une de ces apparitions familières qui suivirent sa résurrection, disant à Zachée : « Traverse les mers, porte l'Evangile en Occident. Parvenu dans la Gaule Aquitaine, élève deux autels : l'un en mon honneur, *corpus meum sepeli*, l'autre en l'honneur de ma mère, devenue celle de tous les chrétiens, qu'elle a enfantés au pied de la croix, « *Honorem dabis matri tuæ, memor quot et quanta passa sit* ».

Ainsi interprétais-je le livre de Tobie et je concluais : voilà l'origine de Roc-Amadour, elle explique le mouvement de tant de générations accourues dans ces lieux de siècle en siècle.

Mais de ce passé merveilleux, que restait-il après l'hérésie sanglante des manichéens Albigeois, après la guerre de Cent ans et les dévastations de l'Angleterre conquérante, après la torche des huguenots, après le marteau de la Révolution française ?... Il restait à Roc-Amadour.. des ruines que les évêques avaient lentement, péniblement et incomplètement relevées.

Lequel d'entre eux rendit plus résolument aux sanctuaires leur solidité, aux palais leurs lignes harmonieuses, aux fêtes leur animation et leur éclat, aux voix apostoliques le retentissement, à la prière la confiance ? Qui fit taire la plainte des âmes découragées déplorant la rareté des secours obtenus ? *In illis diebus non erat visio manifesta*. (3) Qui écrivit

---

(1) Autel élevé par les druides avec cette épigraphe : *Virgini pariturae*.
(2) Tobie. IV. 3 etc.
(3) I. Rois. III. 1.

la passion du Rédempteur sur les rochers de la montagne ? Qui planta la croix de Jérusalem au-dessus d'un océan de foules humaines élevant et abaissant leurs vagues au souffle tantôt de l'amour et tantôt de la pénitence, tantôt de l'admiration et tantôt de l'espoir ?... La réponse à ces questions fut donnée ce jour-là par les acclamations universelles qui jetèrent le nom de votre évêque à tous les échos de la montagne sainte.

Comme Roc-Amadour est la plus ancienne gloire du diocèse, la béatification du martyr Perboyre est la plus récente : l'évêque de Cahors voulut en tirer la confirmation de votre foi. L'impulsion admirable qu'il donna aux fêtes de Cahors, de Montgesty, de toutes les paroisses est dans toutes les mémoires. Chaque fils du Quercy revendiquait l'héroïsme et la célébrité du martyr comme un honneur personnel. Chacun semblait porter à la main une feuille arrachée de sa palme triomphale. L'ivresse de la foi était partout : on eût dit que le pays assistait à sa propre apothéose. Ah ! la foi n'était pas alors ce qu'elle est trop souvent, un effort timide : elle était un transport de fierté. Parmi les discours qui furent si remarquables, aucun ne remua les masses populaires comme celui de Montgesty, berceau du martyr. On y entendit des accents qu'un orateur étranger ne pouvait pas égaler : seul, un enfant du Quercy pouvait faire éclater l'âme du Quercy avec tant de puissance.

*   *
*

Telle a été la consolidation de la foi populaire. Le Jubilé épiscopal nous convie à étudier celle de l'autorité pastorale.

Le pouvoir légal manque partout au clergé : du côté des lois civiles presque tous ses droits demeurent sans défense... Que lui reste-t-il ? L'autorité morale. Quelques-uns disent : « c'est peu ». D'autres disent : « c'est beaucoup ». Les plus hardis disent : « c'est assez ».

Et il est vrai qu'avec elle les catholiques allemands ont reconquis les traitements ecclésiastiques, la libération des prêtres emprisonnés, le retour des évêques exilés, la liberté de quelques congrégations. Henri de Souabe est revenu à Canossa sous la figure de Guillaume II, Grégoire VII l'a reçu sous la figure de Léon XIII. Le grand évêque de Meaux l'a dit : « l'Eglise de Jésus-Christ se gouverne par la faiblesse. » Or l'évêque de Cahors avait reçu du ciel le don de grandir l'autorité morale du clergé pastoral. Il y parvint en établissant son gouvernement sur la charité, sur l'équité et sur le respect des hommes.

Donner, c'est recevoir, et nul ne se donne au peuple sans que le peuple ne se donne à lui. Inutile de rappeler les aumônes qu'il a versées dans le sein des pauvres. Comme il l'avait promis dans la cérémonie du sacre, il a été pour eux affable et miséricordieux, *omnibus indigentibus affabilis et misericors*. (1) Et comme les pauvres ont pour nourriciers les prêtres, vous savez ce qu'il fit pour perpétuer le renouvellement du clergé : vous savez comment il agrandit et il dota les séminaires. Aussi, tandis que dans quelques provinces la sève sacerdotale se glace dans les moëlles de la jeunesse, *deficient pueri, juvenes in infirmitate cadent* (2), ici, l'honneur de servir l'Eglise attire encore les cœurs vaillants. *Qui autem sperant in Domino, mutabunt fortitudinem, laborabunt et non deficient*. (3)

C'est principalement dans les visites pastorales que sa charité prenait un libre essor. St-Ambroise dit aux pasteurs : « Le devoir qui sert de base à tous les autres, est celui de connaître votre Eglise », *primùm omnium, cognosce ecclesiam tibi commissam*. L'évêque de Cahors parcourut toutes les parties du diocèse : tantôt le pays de *rivière* au sol plantureux couvert de populations vives et riantes ; tantôt le pays de *causse* vêtu de son austère manteau de pierres et justement fier de ses travailleurs, qui domptent une nature résistante et la forcent à leur payer tribut ; tantôt le pays de *ségala* où les grandes futaies dessinent à l'horizon des lignes solennelles, vrai festin pour les yeux des habitants, qui reprocheraient à leurs terres froides et avares d'en servir de si maigres à leur table, s'ils n'avaient la sagesse de vivre contents de peu.

Vous avez vu votre évêque reçu partout avec honneur et amour. « *Sicut angelum Dei excepistis me*. » (4) Vous l'avez vu, vous pressant partout de rechercher les biens éternels, *quærite primùm regnum Dei* ; (5) partout soucieux de vos intérêts temporels, prêtant une oreille attentive aux requêtes les plus humbles, partout relevant les ruines morales, *instaurare omnia in Christo*, (6) et laissant après lui des

(1) Pontif. rom. *De Consecratione episcopi*
(2) Isaïe. XL. 29.
(3) Isaïe. XL. 29.
(4) Galat. IV. 14.
(5) Matth. VI. 33.
(6) Eph. I. 10.

espérances de régénération, *scitis introitum nostrum ad vos quia inanis non fuit ;* (1) il était écouté comme un oracle de Dieu, *verbum accepistis sicut est verè verbum Dei.* (2) C'était partout la charité pastorale réjouie et couronnée, *quæ nostra spes aut gaudium ?... nonnè vos antè Dominum nostrum Jesum Christum ?* (3)

Au terme de ces ovations annuelles, une chose demeurait et leur faisait suite : c'était l'autorité des pasteurs agrandie, affermie et désormais acceptée avec plus de confiance par chaque peuple, parce qu'il avait vu son propre pasteur honoré par l'amitié du pontife.

Il employa un autre moyen pour consolider le pouvoir moral du clergé : c'est l'équitable répartition des charges supérieures. Il savait que le mérite est, par sa nature même, une sorte de magistrature. Il savait que le Seigneur avait ordonné à Moïse de choisir soixante-dix hommes capables de travailler avec lui à la prospérité des choses publiques, *congrega septuaginta viros, sint magistri ut sustineant tecum onus populi.* (4)

Il pensait avec le pape S. Pie V qu' « il faut des dignitaires capables d'honorer les dignités, afin que les dignités ne soient pas compromises par la médiocrité des dignitaires. »

Dire que l'Évêque de Cahors pensait de la sorte, c'est vous rappeler comment il continua aux anciens administrateurs du diocèse la confiance de ses prédécesseurs ; je veux parler du vieillard presque séculaire qui fut l'ami de tous les prêtres comme tous les prêtres furent ses amis, et de celui qui a égalé, soit les Franciscains par le mépris des biens de la terre, soit les Bénédictins par la constance du travail.

Avec leur concours, il a placé à la tête des paroisses importantes des pasteurs exemplaires, modèles du peuple par la vertu, recherchés pour la sagesse de leurs conseils, faisant prévaloir leur qualité de père et d'ami sur leur qualité de Supérieur, descendant au niveau des plus petits par la bonté sans cesser d'être au niveau des grands par leur dignité, étrangers aux passions politiques, et marchant les yeux tournés vers les biens éternels. Dans une autre sphère, les noviciats religieux et les séminaires ont reçu des formations

(1) I. Thess. II. 1.
(2) I. Thess. II. 13.
(3) I. Thess. II. 19.
(4) Nombr. XI. 16.

capables de les faire fleurir par leur esprit ecclésiastique et par leurs lumières.

Vous seriez surpris si l'ancien solitaire de Roc-Amadour ne vous arrêtait pas devant les figures qui ont orné, et devant celles qui ornent aujourd'hui cette solitude. Le Pontife avait placé là un prêtre d'un si rare esprit qui, après avoir mis les devoirs et les vérités de la religion à la portée des villageois dans leur idiome rural, avait coutume d'éblouir les étrangers par les traits d'une conversation sans rivale. — J'aime à vous nommer son continuateur qui, sous la haute impulsion de l'évêque, a doublé le mouvement du pèlerinage et imprimé à ces édifices un caractère de jour en jour plus monumental.

Et, puisque je parle de cette résidence, qui de vous ne songe aux ouvriers généreux, chevaleresques, infatigables, qu'il y a successivement appelés, qui passent des autels du pèlerinage aux chaires de vos paroisses, partout simples et pleins de cordialité. Ils ont fait de Roc-Amadour une école vraiment apostolique. Eux aussi ont, à leur manière, grandi l'autorité du clergé.

L'Évêque de Cahors y a mis la dernière main en donnant à son gouvernement et à celui de son clergé le caractère du respect.

« Par sa nature, dit un grand Docteur, le gouvernement ecclésiastique n'a rien d'altier ni de violent. » — Il s'appuie sur la pratique de Dieu même qui, selon les Saintes Écritures, dirige les hommes avec de grands égards, *cum magnâ reverentiâ disponis nos (1).* Non que Dieu reconnaisse à personne le droit de mal dire ni de mal faire ; mais sa méthode est d'amener les hommes à mieux faire et à mieux dire au moyen de la persuasion.

Comme le Sauveur qui a rendu son joug léger en le réduisant à peu de lois ; comme S. Paul qui dispense les païens convertis de toutes observances mosaïques, votre Pontife a simplifié la pratique de la religion en la dégageant des surcharges importunes. Il a ménagé les roseaux déjà brisés ; il a rallumé les lampes presque éteintes qui fumaient encore ; dans les désordres les plus affligeants il a fait la part de l'ignorance et de la fragilité humaine, *nesciunt quid faciunt (2).* Mais quand il a rencontré l'orgueil uni à l'incapa-

(1) Sagesse. XII. 2.
(2) S. Luc. XXIII: 34.

cité, il n'a pas dissimulé que, la porte du royaume céleste étant étroite et basse, l'humilité seule y peut entrer.

C'est surtout envers les esprits involontairement fourvoyés par indépendance qu'il a redoublé de délicatesse, *cum modestiâ corripientem eos qui resistunt veritati ; nequando Deus det illis pœnitentiam et resipiscant (1)* Il a voulu rendre possible leur retour, qu'un zèle emporté aurait rendu à jamais impossible.

Quant aux actes de la vie publique, votre Pontife a nettement enseigné aux catholiques les devoirs de la conscience dans les élections, sans autre réserve que de toucher avec ménagement aux ombrages de l'esprit national. Il savait, comme S. Grégoire-le-Grand, que le divorce de l'esprit national avec l'Église est la cause des plus grands égarements de l'opinion publique... Grave et auguste sollicitude qui vous portait à dire de lui ce que Bossuet a dit de Nicolas Cornet, grand maître du collège de Navarre : « En France, il n'y avait pas d'âme plus française. »

De toutes ces forces réunies, de tant de charité, de tant d'équité et de tant de respect sortit la grande autorité de l'évêque, partagée par le clergé pastoral. Il est permis de lui appliquer le mot que Montalembert, assistant aux funérailles de Lacordaire, entendit de la bouche d'un ouvrier méridional et qui vaut une oraison funèbre : « *Habion un rey*, nous avions un roi ! » Dans cette fête, qui pourrait être nommée le Jubilé d'un souverain, le discours tout entier aurait pu être réduit à ce mot : « Nous avons un roi, *haben un rey*. »

*   *   *

Un tel épiscopat devait mettre le siège de Cahors en faveur dans l'Église de France : « *Ut et ipsi principes locum honore dignum ducerent.* »

Comme le besoin d'approcher les hommes renommés avait jeté de bonne heure le jeune Curé de la Cathédrale de Clermont sur la trace des contemporains illustres (2), ainsi fut-il recherché à son tour. Beaucoup de prélats remarqua-

---

(1) II. Tim. II. 25.
(2) *Sic educatus et instructus secundùm Dei præscientiam, quæ rerum materiam longè antè præstruit.* S. Grég. Naz.

bles ayant vu son intelligence nette et sûre, sa noble courtoisie, l'aisance avec laquelle il traitait les affaires difficiles, en furent frappés au point de ne plus se détacher de lui. Venus en pèlerins de l'amitié, ils ne manquaient pas dans la suite de répandre sa louange.

Parmi ce nombre, il y en a qui sont honorés de la pourpre romaine, justifiée par la supériorité de leur esprit et de leur vie. Il y en a d'autres dont les écrits touchent à la célébrité, et dont le pinceau rappelle les plus déliés auteurs de *Mémoires*.

Le Cardinal de Bonnechose interrompit ses visites pastorales pour donner l'hospitalité à notre Pontife ; il déclare ensuite, dans son *Journal*, « qu'il est plein d'un grand sens et d'un esprit pratique très remarquable. »

Au cours de son pélerinage à Rocamadour, avec le Nonce du Saint-Siége, le célèbre cardinal Guibert, dont les jugements étaient toujours pesés dans les balances de la Sagesse, en voyant de ses yeux les témoignages de confiance, d'amour, de liberté filiale que le clergé et le peuple donnaient à leur évêque, se retourna vers le Nonce avec ces mots : « Monseigneur, lorsque vous verrez N. S. P. le Pape, dites-
» lui que vous avez vu ici l'évêque catholique tel qu'il était
» dans les bons temps de l'histoire. »

Tant de prélats étaient attirés à lui par son caractère hospitalier *episcopum hospitalem (1)*. Il avait imprimé ce caractère à sa demeure dont il était lui-même la première parure, avec son aisance de seigneur et d'ami.

Les étrangers avaient coutume de visiter l'antique manoir des évêques de Cahors, dont les tours commandent la vallée où votre fleuve semble rouler, avec ses ondes, des émeraudes et des saphirs. Le donjon de Mercuès, pieusement restauré comme mémorial des vieux âges, symbolise la protection des peuples par leurs premiers pasteurs, et la loi de l'Evangile planant au-dessus de toutes les autres pour leur imprimer son esprit bienfaisant. A cette heure-ci deux figures s'en détachent avec plus de relief. L'une est celle de Mgr Alain de Solminihac, l'ami de Saint Vincent de Paul, qui vécut et mourut à Mercuès ; elle est faite d'austérité, de vigilance et de froide énergie, elle répond à un âge de décadence et de rénovation cléricale : c'est la figure du réformateur. L'autre est celle de votre évêque heureusement ré-

---

(1) I. Tim. III. 1.

gnant : elle est plus ouverte et plus confiante : elle répond à un âge de meilleure discipline. Ces deux mémoires seront longtemps inséparables du donjon ecclésiastique. Aucun prêtre ne verra ses murs sans penser à elles, sans mieux comprendre l'esprit sacerdotal et sans être plus fier de son diocèse.

De tout ce qui précède résultait une renommée périlleuse pour vous tous, mes très chers Frères, parce qu'elle vous exposait à perdre votre Pontife en le signalant pour des fonctions plus éclatantes. Et, en effet, le plus grand siège épiscopal de la Bretagne lui fut offert. Les honneurs venaient à lui, mais lui repoussa les honneurs : *Non honorem prosecutus, ab honore quæsitus* (1).

La fidélité envers sa première épouse, les consolations qu'il avait goûtées dans cette alliance, la douce habitude de porter dans ses bras vos destinées qui n'avaient jamais été un fardeau pour lui, *porta... eos.... sicut portare solet nutrix infantulum* (2), celle de moissonner ce qu'il avait semé et de respirer à l'ombre du grand arbre qu'il avait arrosé avec les sueurs de son front et quelquefois avec les larmes de ses yeux..... Tout le rendit sourd aux propositions brillantes : il résista à cette faveur.

Mais la faveur est comme l'ombre qui fuit ceux qui la cherchent, et qui cherche ceux qui la fuient. Il en est une qui s'attache aux évêques populaires : elle consiste à leur donner usuellement le nom même de leur peuple, en omettant de jour en jour davantage le nom héréditaire qu'ils tiennent de leurs aïeux. Or, ce genre de faveur s'attache à votre Pontife. Honneur, intérêts, idées, sentiments, toute sa vie se confond si bien avec celle de son peuple ; le peuple est tellement dans l'évêque, et l'évêque est tellement dans le peuple, qu'on s'accoutume à l'appeler simplement : « l'Évêque de Cahors. »

*
* *

Au terme de ce discours, Messeigneurs et mes Frères, combien il est doux de bénir l'Auteur et dispensateur de toutes les grâces d'avoir donné à son serviteur celle de consolider la fidélité de son peuple, celle de grandir l'autorité de son clergé, et celle d'honorer le siège de Cahors.

(1) S. Grégoire de Naz.
(2) Nombres. XI. 12.

Ce lieu dédié à la Reine du ciel et de la terre, l'état présent de notre pays, et le caractère du prélat qui est l'objet de cette fête, nous reportent à un touchant souvenir de la Bible. Le roi Assuérus était égaré par Aman, son ministre criminel. Le sage Mardochée, qui avait sauvé la vie du monarque avait eu pour récompense... l'oubli, et il allait être condamné à mort. Heureusement, la modeste et pieuse Esther éclaira la justice d'Assuérus : Aman fut abattu, Mardochée fut relevé, et le peuple de Dieu recouvra la liberté de conscience.

A la seule différence des noms, vous avez sous les yeux cette page des saints Livres : Assuérus, c'est le souverain des temps modernes, c'est notre grand pays, troublé et agité, comme ce prince Aman qui le trompe et l'égare, c'est le sectaire, dont la haine, astucieuse autant qu'implacable, s'attache à la perte des enfants de Dieu. Esther, c'est la Vierge Marie, ce sanctuaire est son palais, l'autel de la sainte chapelle est son trône. Mardochée, le sauveur tant méconnu, c'est le clergé.... C'est vous, Monseigneur, car vous avez sur la Vierge Marie l'autorité que Mardochée avait sur Esther. Demandez-lui de sauver la France chrétienne. Comme Dieu, et en son nom, elle tient dans sa main le cœur du peuple français, capable de se convertir à la justice comme Assuérus, si Elle daigne y employer sa miséricorde et sa puissance.

Et nous, mes très chers Frères, nous, les serviteurs de la Mère de Dieu, que lui demanderons-nous pour l'évêque de Roc-Amadour qu'elle ne lui ait déjà accordé depuis longtemps ? N'est-ce pas de sa protection que lui vient cette jeunesse prolongée qui ne sait pas se séparer de lui ? Son œil est toujours clair *oculi puro lumine vigent* ; son pied est toujours ferme, *pedes certa imprimunt vestigia* ; sa voix est toujours sonore, *vox sonora* ; sa vigueur dément son âge, *vires cum ætate dissentiunt* (1). Notre-Dame de Roc-Amadour est, après Dieu, l'auteur de ces biens : pressons-la de les rendre durables.

Alors notre Pontife pourra dire ce que disait Caleb, fils de Jéphoné, de la tribu de Juda : « J'avais quarante ans lorsque j'entrai dans la Terre promise ; aujourd'hui, j'en ai quatre-vingts, mais en dépit des années, je suis encore vert, *Sic valens ut valebam eo tempore.* » (2) Que la Mère de Dieu

---

(1) S. Jérôme.
(2) Josué. XIV. II.

nous obtienne la consolation de voir notre Pontife dépasser la vaillante longévité de Caleb, et lui décerne un seul nouvel honneur : celui de devenir le doyen d'âge de l'épiscopat français. *Exaudi Christe, exaudi Maria :* (1) *Petro Alphrido vita !*

Vivez donc encore longtemps, Monseigneur, pour nous éclairer et pour nous aimer. La couronne que notre tendre vénération vous a faite est assez belle pour vous permettre d'attendre celle que vos bonnes œuvres vous tressent dans l'éternité, et que nous serons heureux de contempler lorsque nous serons avec vous dans la patrie céleste. *Exaudi Christe : Petro Alphrido vita !* Amen.

§ 2. — Le déjeûner des évêques et des prêtres au château.

I. Nous avons dit que Monseigneur avait résolu de recevoir en ce jour à sa table tous les membres de son clergé qui pourraient se rendre à Roc-Amadour.

Leur nombre, avons-nous dit, s'élevait à plus de 400. Comme on avait compris longtemps d'avance l'impossibilité de donner place à une foule si nombreuse dans les appartements du château, on avait dressé dans le jardin un immense *velum* tapissé à l'intérieur d'étoffe rouge. Sous cette tente étaient disposées quatre rangées de tables à l'extrêmité desquelles était placée perpendiculairement la table d'honneur, réservée aux évêques et aux principaux dignitaires du clergé. Sur la toile du fond se détachaient les armoiries des prélats (2).

Il serait superflu de décrire cette agape fraternelle : Monseigneur nous a traités généreusement et simplement. Nous étions là comme une immense famille, comme devaient être aux âges primitifs de l'humanité, les premières tribus humaines réunies autour du patriarche plusieurs fois séculaire ; nous étions là tous libres et heureux comme on l'est sous le regard attendri d'un père et d'une mère : *Filii tui sicut novellæ olivarum in circuitu mensæ tuæ. Quam pulchra tabernacula tua Jacob, et tentoria tua, Israel !*

---

(1) S. Aug. Lett. 213.
(2) *Revue.*

11. Au dessert, Mgr l'archevêque d'Albi, en sa qualité de Métropolitain a porté le premier toast. Nous devons dire que nous avons eu rarement le bonheur d'entendre une allocution aussi pleine que celle-là de pensées gracieuses et de sentiments délicats, et qui fût prononcée avec un charme aussi pénétrant : pas un de ceux qui l'ont entendue ne nous pardonnerait si nous omettions de la citer tout entière.

TOAST DE MONSEIGNEUR L'ARCHEVÊQUE D'ALBI

Messieurs,

Le Métropolitain d'Albi vous demande la permission, dans cette solennité jubilaire, d'exprimer à Celui qui en est le digne objet, des sentiments personnels et ceux des vénérables Evêques ici présents. N'est-il pas juste que je m'associe aux consolations et aux joies de mon vieil ami et collègue qui, depuis un quart de siècle, a bien voulu me donner des gages si précieux d'une constante sympathie ? N'attendez-vous pas de moi que je vous dise, après l'orateur sacré qui a célébré avec tant d'esprit et d'éloquence, devant vous, les actes et les vertus de l'épiscopat de Monseigneur Grimardias, combien j'applaudissais à ces paroles si convaincues de Monseigneur l'Evêque de Châlons ? Je ne peux garder le silence, car tout ici, comme dans le sanctuaire de Roc-Amadour, me touche et m'inspire. Vous êtes venus au nombre de cinq cents, de tous les points du Quercy, remercier Dieu et sa Sainte Mère de leur protection visible dans cette admirable vie d'Evêque qui s'est dépensée, pour le diocèse et pour vous, avec un désintéressement, une sagesse et une paternité inépuisables. Je vous contemple, Messieurs, avec émotion, sous cette tente symbolique qui vous abrite et, il me semble que ce texte de nos Saints Livres s'applique à notre Evêque bien-aimé comme à Jacob, entouré de sa ravissante famille : *Quàm dilecta tabernacula tua, Jacob*. Oui, fils nombreux et privilégiés du patriarche de Cahors et de Roc-Amadour, groupés ainsi autour de votre père, vous chantez avec enthousiasme les gloires de votre foyer diocésain, en fêtant Celui qui en est la lumière, la chaleur et la vie.

Attendris par ce spectacle, émus jusqu'aux larmes en présence de cette manifestation éclatante de votre piété filiale, les Evêques accourus à ces noces jubilaires félicitent avec acclamation leur frère de Cahors d'un tel clergé et les prêtres du Quercy d'un tel Evêque.

Et cependant, Messieurs, Monseigneur Grimardias, durant sa carrière si longue et si remplie, n'a jamais recherché ni les honneurs, ni la popularité. Fidèle à son épouse et se souvenant de cette parole d'un philosophe chrétien : le bien ne fait pas de bruit, votre Evêque a mené à bon terme toutes les œuvres d'un ministère fructueux, d'un apostolat fécond, d'un illustre pontificat ; témoin ces prêtres instruits et dévoués ; témoin ces phalanges consacrées à tous les héroïsmes de la vie religieuse ; témoin tous ces hommes de foi dont il a fait par son action et la vôtre des soldats du Christ ; témoin enfin ces monuments relevés ou construits à la gloire de Dieu et de Marie et ces asiles ouverts à l'enfance, à l'infirmité et à l'infortune. Ah ! Messieurs, c'est qu'un évêque s'inspire avant tout des desseins de Dieu dont il est l'envoyé, des intérêts et des droits sacrés de l'Eglise dont il est le ministre, du bonheur de la société dont il est le bienfaiteur, l'ami et le père. N'est-ce pas ce que Léon XIII a proclamé dans la lettre du cardinal Rampolla, lue il y a quelques instants aux pieds des saints autels : solennel témoignage, descendu du Vatican à l'adresse de Monseigneur Grimardias, précieux éloge d'une vie de modestie dans le succès, de délicatesse dans la charité et de douceur dans la fermeté. Nous vous envoyons donc, Messieurs, à la suite de Sa Sainteté ce cri de notre cœur : *Ad multos annos;* redites-le à votre premier pasteur avec élan et amour : *Ad multos annos.*

Ainsi s'écouleront dans le respect et le dévouement d'une part, dans le sacrifice et les vertus épiscopales de l'autre, vos années et les siennes. Elles formeront comme un sillon lumineux au sein de ce beau diocèse et cette journée jubilaire sera une splendide page ajoutée aux annales déjà si riches de Cahors et de Roc-Amadour.

III. Pourquoi faut-il qu'après ce discours nous ne puissions citer celui de Mgr de l'Évêque Clermont ! Cet éloge pompeux de la catholique Auvergne, sœur du Quercy ; ces souvenirs attendris de la famille si chrétienne à laquelle appartient Monseigneur Grimardias, ces souhaits de longévité en faveur du vénérable jubilaire, motivés d'une façon si spirituelle et si originale ; tout dans cette chaleureuse improvisation devait aller au cœur de notre évêque et plaire à l'immense auditoire.

IV. La piété filiale inspira à Monseigneur l'Archevêque d'Auch ces paroles si touchantes et si pleines d'à-propos :

TOAST DE MONSEIGNEUR L'ARCHEVÊQUE D'AUCH

Monseigneur et vénéré parrain, (1)

Veuillez permettre à votre bien reconnaissant filleul de vous dire avec quel attendrissement il s'unit à tous ceux qui en ce jour célèbrent votre Grandeur. . . . .

Avec vos innombrables amis, c'est-à-dire avec tous ceux qui ont l'honneur de vous connaître, je répète le mot que redisent en ce moment tous les échos de vos belles collines et de vos riches vallées : *Ad multos et felices annos !*

Monseigneur, soyez bien longtemps encore la fête de ce religieux diocèse en y perpétuant la solennité de la Transfiguration, en ne cessant d'en renouveler les merveilles dans les âmes, grâce à votre intelligence de notre époque, et grâce à votre zèle aussi suave pour les personnes qu'inébranlable sur les principes.

Ces vœux de nous tous, il m'est doux de vous les offrir aussi au nom de mes diocésains, parmi lesquels votre rapide passage est un souvenir plein de charme et d'édification, au nom de mes compatriotes du Périgord, fiers du voisinage de Votre Grandeur et qu'illumine le rayonnement de vos mérites.

Messeigneurs, Messieurs, le 6 août 1891 sera une des dates mémorables des annales Quercynoises. Elle dira à nos derniers neveux que, sous ces tentes patriarchales, nous avons ensemble rendu un éclatant hommage aux deux plus grandes choses d'ici bas, l'autorité et l'amour : l'autorité sans laquelle on ne comprend pas assez qu'aucune société n'est possible ; et l'amour que l'autorité chrétienne inspire toujours parce qu'elle même ne cesse jamais de s'en inspirer. *Dilectio custodiæ legum....*

V. « Mgr l'Auditeur de Rote félicita le clergé du diocèse, de l'exemple admirable d'union qu'il donne au clergé de la

---

(1) Au sacre de Mgr Gouzot le prélat consécrateur fut Mgr Dabert, assisté par NN. SS. Grimardias et Bourret.

France entière. Si l'ennemi déguisé en renard et en agneau cherche à semer la défiance vis-à-vis l'autorité, plus que jamais il importe de serrer les rangs autour des chefs et de se rallier à l'honneur du drapeau » (1).

VI. Le vénérable M. Chaix de la Varenne parla au nom de cette paroisse de la Cathédrale de Clermont où il a remplacé Mgr Grimardias. Il assura que le souvenir de celui qui est devenu notre évêque y est toujours vivant, et que tous les cœurs dans la grande cité s'unissent aux nôtres pour souhaiter encore à Mgr Grimardias de longues années de vie et de bonheur.

VII. Vint ensuite le tour de M. l'abbé Belvèze, qui résuma en ces termes l'épiscopat de Monseigneur l'Évêque de Cahors :

DISCOURS DE M. BELVÈZE, ARCHIPRÊTRE

Monseigneur,

Roc-Amadour serait-il cette solitude qui, selon le prophète, devait, à un jour donné, se couvrir de fleurs et tressaillir d'allégresse? Qui ne serait tenté de le croire en ce moment? Splendides décorations, pompeuse cérémonie rehaussée par l'éclat du chant et surtout de l'éloquence, concours immense des fidèles et du Clergé, présence de dix prélats illustres, prière unanime, joie générale, tout se trouve réuni pour la plus belle des fêtes, et rien n'y manque, pas même le beau temps, quoique le soleil ait un peu boudé. Oui, la solitude a vraiment fleuri et, pourtant, c'est à peine assez pour célébrer dignement l'anniversaire du jour où commença, il y a juste un quart de siècle, l'épiscopat le plus béni, le plus aimé, le plus fécond.

Demain, Monseigneur, il y aura vingt-cinq ans que vous avez parlé pour la première fois à votre diocèse. Vous terminiez votre belle lettre pastorale par cette phrase qui n'a pas été oubliée : « En nous donnant pour vous, nous mériterons

(1) Résumé composé par Mgr Mourey lui-même de son allocution.

votre confiance et votre amour; vous nous donnerez vos âmes pour que nous puissions à notre tour les donner à Jésus-Christ. »

Ce vœu s'est réalisé: vous vous êtes donné pour nous, et nous vous avons donné nos âmes.

D'autres ont raconté et d'autres rediront les travaux et les succès de votre ministère jusqu'au jour où la Providence vous a uni pour jamais à l'Église de Cahors.... Je laisse Clermont à ses longs regrets et à ses souvenirs les plus chers.

Votre arrivée parmi nous fut saluée par d'éclatantes et sympathiques manifestations où chacun put voir un heureux présage. Dès les premiers jours, les espérances se trouvaient dépassées. Vous vous étiez mis à l'œuvre avec cette ardeur qui produit des merveilles et que Dieu seul inspire aux hommes de sa droite. Dans peu de temps, vous connaissiez mieux que personne votre diocèse avec toutes ses ressources et tous ses besoins, et, bientôt après, sous votre impulsion, les éléments religieux qu'il renferme commençaient à prendre un admirable développement. Les communautés encouragées et protégées étendaient leur action si utile; les bonnes écoles se multipliaient; les séminaires étaient agrandis et mieux appropriés; la plupart des paroisses obtenaient tour à tour les bienfaits d'une mission; un grand nombre d'églises étaient reconstruites; un plus grand nombre encore étaient achevées, restaurées, embellies.

Il serait difficile, Monseigneur, de compter les vitraux, les autels, les clochers qui sont dus à votre initiative et à vos encouragements, et qui resteront comme des monuments de votre zèle et même de votre munificence. Qui pourrait dire ce que vous doivent, en particulier, votre Cathédrale et votre Roc-Amadour? Qui pourrait aussi nous dévoiler avec quel soin et par quels moyens vous soutenez toutes les œuvres qui ont pour objet le culte divin, le soulagement de la misère et l'éducation chrétienne.

Vous seriez, sans doute, Monseigneur, embarrassé vous-même dans ces comptes; car, si vous prodiguez avec bonheur vos bienfaits et vos dons, vous n'aimez point à les calculer.

Vous ne mesurez pas non plus vos fatigues; et vos prêtres comme vos amis se demandent parfois avec anxiété si votre ardeur, qui ne s'éteindra jamais, n'usera pas trop vite des forces dont la perte deviendrait irréparable. Il vous suffit d'apprendre que votre présence est désirée et sera utile ici ou là, dans une maison religieuse ou dans une paroisse, fût-elle à l'extrémité du diocèse, et vous voilà parti, prêt à accomplir les cérémonies les plus pénibles, et à prendre la parole devant tous les auditoires.

C'est dans vos tournées pastorales surtout que vous déployez une activité dont les plus jeunes pourraient être jaloux. Dans ces occasions, vous vous faites tout à tous avec une aisance merveilleuse. Le charme de votre bonté et la distinction de vos manières gagnent aisément les cœurs. Vos allocutions enlèvent les populations, et vos catéchismes, véritables petits chefs-d'œuvre, instruisent et ravissent les parents comme les enfants. Aussi, lorsqu'il sera permis de fixer les rangs, vous serez unanimement proclamé le premier catéchiste de votre diocèse.

Il n'est pas étonnant, après cela, que votre visite dans les paroisses soit désirée et fêtée. De grands préparatifs se font d'ordinaire pour vous recevoir. Les oriflammes et les banderolles, la verdure et les fleurs sont prodiguées dans l'église, dans les rues et le long des chemins, et, dès que vous paraissez, on vous vénère, on vous complimente, on vous acclame. Puis, la foule s'enhardit et vous entoure, et les mères vous présentent leurs tout petits enfants afin que votre main se pose sur leurs jeunes têtes comme un gage d'heureux avenir.

Ces manifestations belles et touchantes se reproduisent jusque dans les moindres villages de sorte que vous aurez reçu, dans le cours de votre épiscopat, plus d'ovations enthousiastes que tous les triomphateurs réunis de Rome et de la Grèce.

Une telle popularité n'est pas seulement flatteuse ; elle a une haute portée, car elle affermit et développe, malgré les courants contraires, le légitime prestige de l'Église et de ses pontifes.

Votre Clergé, Monseigneur, ne pouvait pas se laisser dépasser par les fidèles dans l'explosion des sentiments qui accueillent partout Votre Grandeur. Après les démonstrations inoubliables de vos noces d'or, nous sommes accourus avec un joyeux empressement de tous les points du diocèse, pour célébrer votre jubilé épiscopal par une autre grande fête d'un caractère aussi intime que la première et non moins imposant. Nous étions avec vous tout à l'heure dans la basilique sainte, confondant nos actions de grâces avec les vôtres, nos prières avec vos prières, et maintenant nous voici assis à votre table comme des enfants autour du père de famille ; et Notre-Dame, souveraine de ces lieux, voit que nous sommes heureux et que nous vous aimons.

Messeigneurs,

Le caractère imposant que j'attribue, à bon droit, à cette fête, est dû principalement à la présence de Vos Grandeurs. Qui n'inclinerait son front à la vue d'une telle réunion de Prélats, tous illustres par leur science, par leurs vertus et par leurs œuvres ? Vous êtes venus, en ce joyeux anniversaire, visiter votre frère aîné dans l'épiscopat, et nous aider par cet hommage du plus haut prix, à honorer dignement notre Évêque bien aimé. Sans doute, son mérite éminent et l'amitié réciproque vous ont attirés ; mais cette grande assemblée de prêtres n'en éprouve pas moins pour chacun de vous, un sentiment tout composé d'admiration, de respect et de reconnaissance.

Vous en particulier, Monseigneur d'Albi, notre vénéré Métropolitain, vous n'avez pas été arrêté par la blessure qu'a faite à votre cœur un deuil récent. Vous avez senti que votre absence nous eût tous privés de trop d'honneur et de trop de joie.

Vous aussi, Monseigneur de Rodez, dont l'éloquence magistrale a plus d'une fois rehaussé l'éclat de nos grandes fêtes, vous nous apportez aujourd'hui un nouveau témoignage de sympathie dont nous resterons profondément touchés.

Et vous, Monseigneur de Châlons, que la Sainte Vierge nous avait donné et qu'elle nous a repris, sans pourtant briser tous les liens, il vous appartenait de célébrer ici, dans un de ces discours où vous savez si bien mettre toute votre âme, l'épiscopat de Celui qui fut votre Père comme le nôtre, et qui demeure votre ami.

Vous tous enfin, Messeigneurs, que nous sommes heureux et fiers de contempler auprès de notre Évêque, vous avez les meilleurs droits à nos remercîments et vous occuperez la première place dans l'impérissable souvenir de ce jour.

Monseigneur,

L'antique siége de Cahors fut illustré, à toutes les époques, par de grands évêques dont douze au moins, sans compter le vénérable Alain de Solminihac, sont placés sur nos autels. Ils contribuèrent puissamment à assurer à cette contrée, avec les bienfaits de la Religion, toutes les prospérités désirables, et ils eurent une belle part dans la glorieuse formation de la France chrétienne. Le temps, par ses vicissitudes, a amené un autre ordre de travaux plus difficiles et de devoirs plus délicats. Aujourd'hui, c'est au milieu de difficultés autrefois inconnues, que l'Évêque doit conserver sinon agrandir l'héritage de foi et d'œuvres utiles qui encore lui appartient. Il a besoin pour cela d'une grande influence que ni la richesse ni la puissance séculière ne lui donnent plus, mais qu'il trouve dans le prestige de ses vertus et de ses qualités personnelles et aussi dans le concours dévoué de son Clergé.

Voilà dévoilé en deux mots, Monseigneur, en y ajoutant l'assistance divine, le secret des bénédictions qui ont marqué votre épiscopat et l'auront égalé à ceux de vos plus illustres prédécesseurs. Pendant ce quart de siècle, qui a vu dans leurs extrémités la plupart des choses humaines, vous avez été si uni à votre Clergé ; vous avez si bien défendu votre troupeau ; vous l'avez si sagement dirigé que rien n'est perdu encore et que tout peut se réparer. Vous vous appliquez à la fois à élever l'édifice et à empêcher les ruines, et nul n'aura mieux travaillé pour l'Église et pour Dieu.

En parlant ainsi, Monseigneur, j'envisage l'avenir autant que le passé, car vous êtes loin d'arriver au terme d'une mission dont les labeurs ne vous ont jamais effrayé. Votre jubilé épiscopal marquera seulement une étape de plus dans votre belle carrière. Notre-Dame de Roc-Amadour est trop reconnaissante et trop sollicitée pour qu'elle ne conserve point les forces à votre verte vieillesse. Elle voudra que, pendant de longues années encore, vous puissiez accomplir d'utiles travaux et, comme le patriarche Tobie, jouir du fruit de vos œuvres dans la paix. Tels sont nos vœux : *Ad multos annos !*

Et maintenant, Monseigneur, permettez-moi de vous donner lecture d'une Adresse que vous présente votre Clergé tout entier. Il a eu la volonté d'y mettre son cœur avec sa signature. Il espère que vous daignerez agréer cet hommage et attacher quelque prix à ce souvenir.

VIII. « Des vivats enthousiastes ont accueilli ces paroles. Alors a circulé de main en main, à la table d'honneur, le magnifique *Album* que M. l'Archiprêtre de la Cathédrale venait d'offrir à Sa Grandeur au nom du clergé diocèsain. » Les prélats admirent la belle miniature qu'il porte gravée à la première page, et qui représente avec une minutieuse exactitude le paysage de Roc-Amadour et le riche autel dont notre Évêque a voulu doter, il y a quelques années, la chapelle miraculeuse. Mais ce qui rendra ce chef-d'œuvre de l'art *particulièrement précieux aux yeux de notre bien-aimé pontife*, c'est qu'il porte comme témoignage d'affectueuse vénération la signature de tous ses prêtres et l'adresse suivante, dont nous avons déjà fait connaître l'origine et que nous reproduisons textuellement :

Reverendissime Pater,

Redeunte post viginti quinque absolutos annos fausta die qua unxit Te Deus in Principem et Episcopum ecclesiæ Cadurcensis. Capitulo et universo Clero congregatis unacum decem Episcopis assistentibus et ingenti fidelium cœtu plaudente, jucundum illud Anniversarium solemni cultu et pientissimis precibus celebrare placuit in hac admodum sacra basilica B. Mariæ Rupis Amatoris.

Ad perpetuam hujus tantæ festivitatis memoriam, necnon in reverentiæ, obedientiæ et grati animi testimonium Tibi, amantissime Pater, optima vota offerentes, hoc monumentum dicamus quod singulatim propriâ manu obsignavimus.

Die VI Augusti M. D. CCCXCI.

IX. Il appartenait enfin à M. le Supérieur du pélerinage de parler au nom de Roc-Amadour, de rappeler les œuvres accomplies en ce lieu béni par l'initiative et la munificence épiscopales, et de remercier en quelques mots les hôtes illustres qu'il venait de recevoir. S'inspirant, au début, des souvenirs de Zachée dont il garde les précieux restes, M. l'abbé Laporte s'exprima en ces termes :

DISCOURS DE M. LE SUPÉRIEUR DE ROC-AMADOUR

Monseigneur,

Des lèvres éloquentes ont chanté les vingt-cinq années de votre épiscopat. Vingt-cinq ans de règne pacifique et fécond ! Pacifique, grâce à votre royale bonté ; fécond en fruits de salut : ne vous a-t-on pas vu toujours le premier à la peine, et nous, vos ouvriers, pouvions-nous nous croiser les bras ?

Sur ce rocher où vous m'avez établi pauvre successeur du petit Zachée, en présence des éminents pontifes et du clergé vénérable qui vous acclament, qu'il me soit permis de remplir encore un devoir en vous disant : merci !

Lorsque Jésus regarda Zachée sur les branches du sycomore et lui dit : « descendez, je veux m'arrêter chez vous », le Publicain ne fut-il pas tout d'abord troublé et saisi de crainte ? nous pouvons le supposer, mais, aussitôt après, ce furent des transports de joie : *Et excepit illum gaudens*. Le jour où un des membres les plus distingués du Chapitre de votre Cathédrale formula le projet de célébrer ici vos noces d'argent, nous aussi, nous avons tremblé. Certes, Monseigneur, vous êtes de la race bénie des pontifes qui savent rehausser leur dignité et néanmoins agir en pères dans l'intimité de la maison : *In publico Episcopum, domi patrem*. Dans tous les presbytères du diocèse de Cahors, ne garde-t-on pas le doux souvenir d'une affabilité si rayonnante, d'une condescendance et d'une simplicité si gracieuses, que le père de famille se cachait sous les traits d'un frère ou d'un ami ? Mais vous préparer ici une fête digne de vos noces épiscopales, donner asile à vos illustres témoins, assez nombreux pour former autour de vous une couronne, recevoir avec les honneurs qui lui sont dus cette belle armée sacerdotale, qui vient aujourd'hui, comme il y a vingt-cinq ans, se ranger sous vos ordres et vous jurer fidélité, n'était-ce pas une tâche au-dessus de nos forces ? Qu'importe, Messeigneurs, qu'importe, Messieurs et vénérés confrères, la pauvreté de nos tentes, pourvu que la vallée de Zachée tressaille d'allégresse ?

Oui, Monseigneur, vos missionnaires de Roc-Amadour oublient leur impuissance : ils sont tous et tout à la joie de vous posséder *excepit illum gaudens*. Aussi bien le prince Zachée, autrefois si riche et devenu pauvre volontaire, Zachée n'est pas à plaindre. Voilà vingt-cinq ans que vous travaillez à restaurer ses palais, à couronner ses basiliques, à reproduire autour de son tombeau les plus belles pages de l'Evangile, à grouper d'innombrables pèlerins qui saluent à la fois la Vierge miraculeuse et son illustre serviteur.

L'église Cathédrale de Cahors garde dans ses archives l'immortel souvenir de vos noces d'or sacerdotales. Roc-Amadour, parmi ses plus purs rayons de gloire, gardera dans son enceinte sacrée le trésor de vos années et de vos œuvres épiscopales qui vont se déroulant, tantôt avec la pureté de l'argent, tantôt avec l'éclat de l'or, du 6 août 1866 au 6 août 1891.

Ces œuvres ne forment-elles pas un grand rosaire que Notre-Dame salue de son meilleur sourire parce qu'elle y trouve le cachet divin de la charité ? Elle vous regarde aussi, Messeigneurs, parce que vous êtes venus compter les grains de ce rosaire épiscopal, et parce que vos mains savent en tresser un tout semblable, moins la longueur. Si Notre-Dame de Roc-Amadour se réjouit à la vue des œuvres accomplies refusera t-elle ses maternelles bénédictions aux ouvriers ? Non.

Messeigneurs ! l'Evêque est le grand artisan des vertus célestes *virtutum opifex*. Elle le sait bien : elle sait obtenir des dons parfaits à ceux qui la prennent pour assistante au jour de leur sacre ici même ou ailleurs. Nous lui demandons d'ajouter de nombreux et magnifiques anneaux à la chaine de vos années. *Ad multos annos.*

C'est bien Elle aujourd'hui, Monseigneur, qui boucle par un rivet d'argent la série jubilaire de votre apostolat : nous suspendons à ses pieds cette première couronne de fleurs et de fruits. Et puis qu'allons nous faire ? Quand un chapelet est fini, quand un rosaire est complet, que fait-on ? on recommence, Monseigneur ! on redit sans se lasser : *Ad multos, ad plurimos annos !*

Pendant que ces discours étaient prononcés, tous ceux qui par moments pouvaient reporter leurs regards sur la personne de Monseigneur, remarquaient sa profonde émotion et les visibles efforts qu'il faisait pour la contenir. Il en fût maître cependant, car les années n'ont pas encore affaibli cette force de volonté qui égale dans la personne de notre évêque, la vigueur de l'esprit et l'exquise sensibilité du cœur. C'est pourquoi, prenant à son tour la parole :

« Messeigneurs et Messieurs, dit-il, je ne puis me taire et
» je ne sais comment parler !... Vous m'avez comblé de tant
» de témoignages d'amitié, de vénération et de dévouement,
» que je me crois incapable d'exprimer tout ce que mon
» cœur ressent.

» Je saurai cependant remercier en premier lieu le grand
» pontife qui, ayant la sollitude de toutes les églises, a bien
» voulu se souvenir en particulier de l'évêque de Cahors et
» lui envoyer un témoignage si touchant de sa paternelle
» bonté ! Oui le chef de l'Église est bien un père pour les
» évêques comme pour les fidèles ! Qu'il daigne agréer l'ex-

» pression de ma profonde reconnaissance et de mon
» amour filial !

» Je vous remercie, à votre tour, chers et vénérés Sei-
» gneurs, mes frères dans l'épiscopat, qui avez interrompu
» des travaux pressants pour venir vous associer à une de mes
» plus grandes joies et prier encore une fois pour votre frère
» aîné, Notre-Dame de Roc-Amadour.... J'ose croire que
» vous avez trouvé dans le spectacle si édifiant que vous ont
» donné ce clergé et les fidèles venus à sa suite, un dédom-
» magement de votre peine.

» Et vous, mes chers et vénérés coopérateurs, soyez éga-
» lement remerciés ! J'espère que cette fête aura fait quelque
» bien, et qu'elle tournera, quoi qu'on ait pu dire, non à la
» gloire d'un homme, ce qui importe peu, mais à la gloire
» de Dieu et au salut des âmes.

» Vos orateurs rappelaient tout à l'heure le bien que j'ai
» pu faire dans le cours des 25 années de mon épiscopat.
» Laissez-moi exprimer la vérité tout entière et rendre justice
» à tout le monde. Certes je puis me rendre le témoignage
» que je n'ai jamais voulu et cherché que le bien ; mais si je
» suis parvenu à l'accomplir, c'est grâce à Dieu et à votre
» bienveillant concours qui ne m'a jamais fait défaut : je suis
» heureux de vous rendre ce témoignage, en présence de ces
» dix évêques depuis longtemps mes amis et aujourd'hui
» ma couronne !

» Ce concours dévoué, je vous demande de vouloir bien
» me le continuer à l'avenir avec plus de soin et plus de zèle
» encore que par le passé, s'il est possible, car les temps
» sont mauvais, les difficultés augmentent, et quelles que
» soient les apparences, je sens bien que je vieillis et que
» mes forces diminuent. Mais votre zèle ne faiblira point ;
» vous seconderez toujours votre évêque avec un dévouement
» sans bornes, et de son côté il ne lui en coûte pas de vous
» promettre qu'il vous aimera de tout son cœur et vous
» soutiendra de toutes ses forces jusqu'à son dernier sou-
» pir. »

Ces paroles jaillies du cœur si généreux, si dévoué et si sensible du vieil évêque arrachèrent des larmes — *quod vidi testor*, — à plusieurs auditeurs, et furent accueillies, avons-nous besoin de le dire ? par un tonnerre d'applaudissements.

La séance—car nul ne songeait plus à la table ni au festin—

se termina par la distribution d'une médaille commémorative de ces noces d'argent, et offerte par Monseigneur à tous les prêtres présents.

§ 3. — **Adresse des Prêtres jubilaires**.

Monseigneur avait reçu les félicitations des fidèles de son diocèse, de son clergé, de ses frères dans l'épicopat, du Souverain-Pontife et de tous ceux qui à des titres divers pouvaient revendiquer l'honneur de le féliciter publiquement. Restait le petit groupe des prêtres qui avaient uni, en ce beau jour, aux joies des noces d'argent de leur évêque, les joies de leur propre jubilé sacerdotal. Jusque là ils s'étaient confondus avec la foule du clergé, ne se réservant que l'honneur d'assister Monseigneur à la Messe pontificale, avec l'ambition « non pas d'exercer un droit d'aînesse qui résulterait d'une simple date, mais d'être, dans la famille sacerdotale au rang des plus obéissants et des plus respectueux. » (1) Eux aussi désiraient vivement offrir leurs hommages particuliers au vénéré prélat et ils eurent cette consolation.

Vers quatre heures du soir, ils devaient se réunir dans l'Église Saint-Sauveur, y prononcer un acte de Consécration à la Sainte Vierge et y faire, entre les mains de Monseigneur, la rénovation de leurs promesses cléricales. Après cette cérémonie, Monseigneur les reçut tous ensemble dans la *salle des évêques,* et l'un d'eux, M. l'abbé Dousset, lui adressa le discours suivant :

DISCOURS DE M. L'ABBÉ DOUSSET, CURÉ DE CASTELNAU

Monseigneur,

S'il faut en croire certains pèlerins un peu touristes, il y a plus d'un trait de ressemblance entre la Judée et le Quercy, entre Jérusalem et Roc-Amadour.

Sans toucher à cette question topographique, nous recon-

---

(1) Lettre de M. l'abbé Dousset à ses condisciples, le 7 juillet 1891.

naissons ici comme en Palestine une terre sainte. Sur le mont Sion, au pied de la tour de David, on vénère encore un des lieux les plus saints de Jérusalem, le Cénacle.

Dans le cœur de ce rocher, à l'abri de l'antique citadelle de Roc-Amadour, n'avons-nous pas aussi un Cénacle ? et qui pourrait dire tous les prodiges qui l'ont rendu vénérable ? Le voici aujourd'hui orné plus magnifiquement qu'il ne le fut jamais. Un apôtre du nom de Pierre y demeure avec Marie, mère de Jésus, et un nombre de frères presque égal au collége apostolique. *Ubi manebant Petrus.. Cum Maria, Matre Jesu, et fratribus ejus.* Avec eux est entrée une phalange qui voudrait, à sa manière, figurer les soixante-douze disciples : c'est l'armée sacerdotale du Quercy, avec son état-major, ses vétérans que nous saluons comme nos modèles, avec ses recrues qu'on oblige maintenant à porter le sabre, comme si le glaive de la parole de Dieu ne leur suffisait pas. Ils ont tous gravi les marches creusées dans le roc.

Dix-sept prêtres ont été l'avant-garde : ils sont accourus d'un pas plus rapide, le cœur plus ému : *ascenderunt.* C'est le groupe que vous trouvâtes, Monseigneur, en 1866, au seuil du Séminaire, humide encore de l'onction sacerdotale. Devant votre houlette toute neuve aussi, nous étions les derniers, les benjamins de la famille. Vous avez dirigé nos mains tremblantes, affermi nos pas, présidé à tous nos travaux, pris part à toutes nos épreuves, trouvé un apaisement à toutes nos douleurs. Il y a vingt-cinq ans que cela dure, et votre bonté n'a perdu aucun de ses paternels sourires, bien que depuis longues années nous ne soyons plus des benjamins. Et c'est encore vous qui êtes notre appui, alors que nous devrions être sous votre main des bâtons de vieillesse.

Merci à Dieu qui vous a donné la solidité de la pierre ! *Tu vocaberis cephas.*

Merci à Pierre de ses soins, de sa sollicitude, de son indulgente bonté à travers ces vingt-cinq années où les ouvriers de Jésus-Christ ont trouvé tant de ruines, tantôt sur le sol de la patrie, tantôt dans le domaine de la sainte Eglise !

Merci à Pierre de nous avoir admis au Cénacle de Roc-Amadour, de nous avoir pris à ses côtés, en présence, j'oserai dire sous la présidence de Marie, mère de Jésus. *Cum Maria, matre Jesu.*

Elle est là pour nous dire qu'il y a toujours des flammes

sacrées, des langues de feu, prêtes à descendre du ciel pour embraser le cœur des apôtres.

Heureux serions-nous d'en emporter chacun une étincelle dans nos paroisses ! heureux de prendre, avant de nous séparer, une résolution jubilaire !

Votre résolution à vous, Monseigneur, inutile de nous l'exprimer, nous la lisons dans votre passé : c'est une volonté ardente d'introduire vos prêtres dans la voie la plus sûre, de les soutenir, de les défendre, de leur apprendre à se faire agneaux pour vaincre plus sûrement le loup, et, s'il le faut, pour changer ces mêmes loups en agneaux.

Mais quelle sera notre résolution jubilaire à nous ? Serai-je téméraire, si je livre à mes condisciples une indication ?

Parmi les œuvres les plus fécondes de votre épiscopat, Monseigneur, figurent les missions paroissiales dont Roc-Amadour est l'âme et le pivot, puis les maîtrises et les écoles chrétiennes où s'épanouissent les vocations sacerdotales. Procurer le bienfait des missions à toutes les paroisses, soutenir les écoles où s'abrite la vertu des futurs apôtres, n'est-ce point un programme sacerdotal par excellence ? Un nom qui est synonyme de zèle, de douceur, d'amabilité, de grâce irrésistible, est sur les lèvres de tous les prêtres français : c'est le nom d'un évêque, d'un missionnaire, d'un des plus illustres conquérants des temps modernes, Saint François de Sales.

Et nous, prêtres du Quercy, nous avons la joie de posséder et de fêter un père qui est l'image expressive de la bonté conquérante du Prince-Évêque de Genève.

Pour clôturer cette journée par un vote pastoral, je propose donc les deux résolutions suivantes :

En mémoire et comme fruit de notre double fête jubilaire, nous prenons l'engagement de répandre le règne de Dieu avec les mêmes armes que nos pères dans la foi, avec un amour assez doux pour attirer les ennemis, assez fort pour gravir jusqu'au sommet le calvaire où l'on ne meurt que pour triompher.

Mais, dans les rangs des simples fidèles, les bons, les vrais enfants de l'Église ne peuvent-ils rien pour la conservation, pour la résurrection de la foi dans notre patrie, dans nos foyers, dans nos paroisses ?

Pour le peuple, il existe une œuvre, sœur timide de la Propagation de la Foi et de la Sainte-Enfance, une œuvre si humble, si discrète qu'un petit sou lui suffit comme à une petite mendiante.

Cette œuvre est l'amie des éducateurs et des missionnaires catholiques, en pays chrétien, pour refouler l'invasion païenne dont nous sommes menacés.

Elle est la providence des paroisses rurales qui attendent, pour être régénérées, l'ardente parole d'un apôtre.

Elle est la nourrice des écoles où les enfants trouvent des anges gardiens et la paix de la vérité.

Elle s'appelle : Association de Saint François de Sales.

Elle grandira, se propagera dans nos campagnes, comme elle l'a déjà fait dans les villes.

Elle multipliera les missions paroissiales : elle bâtira et soutiendra partout les bonnes et populaires écoles.

Elle remplira d'huile sainte et goutte à goutte le cœur, l'âme de la patrie, cette lampe si belle où la lumière de la foi allait peut-être s'éteindre.

Dans ce sanctuaire de Roc-Amadour où l'apôtre Zachée a vaincu tour à tour l'idolatrie et l'hérésie, nous promettons de faire connaître, de faire goûter au peuple de nos campagnes l'œuvre religieuse et patriotique de Saint François de Sales.

Et les dernières années de notre sacerdoce, nous les consacrerons à la rénovation du Quercy, sous les auspices, avec les ouvriers de Notre-Dame de Roc-Amadour ; suppliant le Prince des pasteurs de garder à notre tête Celui qui donnait, il y a vingt-cinq ans, tout son cœur à l'Eglise de Cahors et qui n'a jamais voulu se séparer d'elle.

Avec Sa Sainteté Léon XIII, avec Nosseigneurs les Evêques qui vous aiment et vous vénèrent comme leur frère aîné, avec le Chapitre de votre Cathédrale et tout le clergé diocésain, nous élevons la voix pour redire et nos désirs et nos espérances : *Ad multos, ad novos annos !*

§ 4. — Cérémonie à la grotte du Saint-Sépulcre.

La nuit s'avançait à grands pas et semblait creuser plus profondément les abîmes du val ténébreux. La douce mélancolie que les derniers rayons du jour font naître dans l'âme, saisissent déjà tout l'être au milieu de ces rochers majestueux et menaçants. En contemplant cette basilique grandiose, ce château dominant si hardiment les rocs amoncelés, ces maisons suspendues comme des nids d'aigles au flanc de la montagne, la pensée, d'un vol rapide, parcourait les siècles. L'humble ermite apparaissait domptant les bêtes fauves. Le fier Roland, les foules du moyen-âge, inondant la vallée, tant d'illustres et pieux prélats se prosternant aux pieds de la Vierge miraculeuse défilaient en un tableau que couronnait l'épisode d'aujourd'hui.

En même temps que les étoiles apparaissaient au ciel, brillaient tout-à-coup sur la montagne de Roc-Amadour et au sommet des remparts les premiers feux de l'illumination. Bientôt l'embrasement est général. On croit assister à une féerie lorsqu'on voit serpenter, à l'extrémité des murs, un cordon de lumières rouges et lancer dans l'espace cette double rangée de lanternes vénitiennes courant d'une montagne à l'autre et brillant à une hauteur vertigineuse, au-dessus de la sombre vallée.

La Croix de Jérusalem toute étincelante, grâce à la profusion des lampions rouges qui la couvrent en entier, domine superbement le paysage. L'un des fils tendus sur l'abime aboutit à ses pieds, tandis que l'autre se rattache à la tourelle du château.

Aux flancs de la vallée, l'illumination n'était pas moins gracieuse. Les arcs de triomphe, les cordons de buis, les vieilles maisons se dessinaient dans l'ombre en lignes brillantes, jetant leurs lumières sur la foule mouvementée.

Vers huit heures, la procession aux flambeaux commence à sortir de la chapelle miraculeuse. Chacun s'empresse de prendre place dans les rangs.

La double rangée de lumières sillonne les flancs de la montagne au chant des cantiques sacrés. Prêtres et fidèles chantent à pleine voix et les échos retentissants de cette gorge célèbre répètent à l'envie le nom de la Reine des Cieux. C'est l'*Ave Maria* de Lourdes qu'entonne cette foule en prière. Chant de remerciement, de demande et d'enthousiasme, il s'échappe de toutes ces poitrines et rappelle à ceux qui pourraient l'oublier qu'on ne peut venir à Roc-Amadour sans être pélerin. Ils répondent ainsi à la pensée du prélat jubilaire qui n'a choisi de préférence le célèbre sanctuaire de la Mère de Dieu, qu'afin de la prier et de la faire prier plus ardemment ; afin de remercier, des faveurs obtenues et de lui en demander de nouvelles.

La procession parvient ainsi à l'immense caverne où se trouve la dernière station du chemin de la Croix. Elle aussi est toute éblouissante sous la double rangée de lampions rouges et verts. La foule s'y entasse. Elle est devenue, malgré ses dimensions, beaucoup trop petite. Tous les prélats s'y rendent.

Lorsque les chants sont terminés, Monseigneur l'Evêque

de Rodez, dont le clergé voulait entendre à tout prix la belle parole, monte sur une estrade improvisée, au pied de l'un des piliers de granit qui soutient la voûte et prononce une brillante allocution dont nous reproduisons les principaux passages :

« Il a quelques mois nous fêtions à Cahors le glorieux martyr qui est l'honneur et la gloire de ce pays de Quercy. Je portai le premier la parole et fis l'invitatoire ; aujourd'hui j'ai l'honneur de la porter le dernier, il m'appartient donc de faire la péroraison. La voici :

» Vous avez tous vu et admiré cette foule où le respect était mêlé à la sympathie. Cette foule m'a impressionné et je me suis demandé qu'elle était la cause de cet empressement, de ces manifestations extraordinaires. J'ai vu les trois ou quatres groupes qui constituent la famille chrétienne et diocésaine : les prêtres, les fidèles, les religieuses et en premier lieu ce véritable pèlerinage fondé par Zachée, et j'ai trouvé que ces groupes avaient avec l'anniversaire du sacre de votre évêque de magnifiques harmonies. Pour les chanter il faudrait emprunter à la poésie tout ce qu'elle a de plus brillant. Roc-Amadour ne rimerait-t-il pas avec Troubadour ? »

L'orateur rappelle en quelques mots, la merveilleuse histoire de notre grand pèlerinage et montre que c'est dans ce sanctuaire dédié à la Mère de Dieu qu'il convenait de célébrer cette fête. « Elle lui avait mis l'anneau nuptial avec l'Eglise de Cahors, il fallait voir si l'anneau n'avait pas été rompu, si l'alliance avait été féconde.... Celui qui fait ses noces en compagnie de la Vierge Marie est sûr de les faire pour l'éternité. »

L'orateur fait l'éloge de cette couronne de prêtres dont l'enthousiasme et les larmes de joie prouvent combien ils chérissent l'autorité de leur Pasteur. Monseigneur, je n'hésite pas à le dire, l'amour seul peut gouverner les foules, et le joug de l'amour est le seul qu'on ne veut jamais briser. Voilà l'explication de l'empressement de tous ces fils autour de leur Père.

» J'ai des prêtres, je voudrais les aimer comme je les vois aimés ici..... L'expérience que j'ai acquise durant mes vingt ans d'épiscopat me permet de tirer une conclusion. La voici

» Le règne des évêques dominateurs et des curés dompteurs est fini : il n'y a plus qu'une domination possible, la domination de l'amour. »

L'orateur a vu les fidèles et surtout ces femmes généreuses, toujours amies de l'Eglise. « Mes filles et mesdames, je vais vous donner la raison pour laquelle vous suivez vos pasteurs : la femme va à l'Eglise parceque l'Eglise la protège, comme ce donjon protège la vallée. L'Eglise lui a permis de découvrir sa tête et d'ouvrir son cœur sans qu'elle ait à rougir ni de l'un ni de l'autre.....

» J'ai vu les religieuses et, quand j'ai remarqué tous ces préparatifs, j'ai bien senti leurs mains. Mais que ce familles religieuses sentent aussi que votre main s'est étendue sur leur tête avec paternité. Vous les avez relevées, honorées, et placées bien haut dans l'estime de votre peuple.

» Mon Dieu ! Nous sommes sur le point de nous quitter ; c'est le moment ou l'on se dit les dernières paroles *novissima verba*. C'est quand on a le bâton à la main qu'on se détourne pour dire le mot tendre à son père.

» On vous a souhaité, Monseigneur, de longues années, mais je veux vous en souhaiter de plus longues encore. Voyez ce ciel bleu ; il est bien beau ! Là sont les années qui ne trompent pas et le vrai repos qui suit le travail de ce monde. Que votre couronne soit aussi glorieuse que vos fils et vos confrères vous le souhaitent. Vous aurez eu ici-bas tout ce que le monde peut donner, vous aurez là-haut ce que Dieu donne, ce qui ne passe pas. »

Les applaudissements qui ne s'étaient contenus jusque-là que grâce à une recommandation expresse de l'orateur, justifiée par une spirituelle anecdote, ont éclaté à la fin du discours avec un ensemble et une chaleur extraordinaires. Les pontifes rangés sur la même ligne autour de l'Evêque de Cahors, ont donné solennellement la bénédiction aux prêtres et aux fidèles profondément inclinés.

C'était la fin de ces splendides fêtes. Sur tous les chemins, les flambeaux achevaient de se consumer dans les mains de ceux qui regagnaient leur demeure. Ce spectacle rappelait la belle nuit de Noël. On s'arrêtait souvent pour jeter un dernier regard sur les féeriques illuminations et surtout sur la Croix de Jérusalem qu'on apercevait de très loin et chacun poussait le même cri d'admiration : Que c'est beau ! Que c'est beau ! Une même prière jaillissait une dernière fois du cœur de tous les prêtres :

Ad multos et felices annos !

J. G. (1)

---

(1) *Revue religieuse*, pages 735 et suivantes.

CHAPITRE IV

LE LENDEMAIN D'UN BEAU JOUR

I. Malgré tous les efforts qu'on avait pu faire pour terminer à temps les préparatifs de la fête, plusieurs n'avaient pu envoyer pour le 6 août, les présents de leur piété filiale.

Parmi ceux-ci, un saint qui par excès d'humilité a exigé absolument que son présent fût anonyme, mais dont on trouverait facilement le nom en parcourant la liste des prêtres que la charité a appauvris, ou qui connaissent mieux la demeure du malade que le chemin de leur propre maison..., avait eu la pensée d'offrir à Monseigneur, au jour de son jubilé épiscopal, une crosse d'honneur.

Cette crosse n'arriva que le lendemain de la fête. Monseigneur l'a acceptée néanmoins avec reconnaissance. Nous pourrons en admirer la forme élégante et les fines ciselures quand nous recevrons à Roc-Amadour la bénédiction de notre évêque. Sa Grandeur a décidé qu'elle ferait partie du trésor de Notre-Dame pour servir à l'évêque dans toutes les cérémonies qu'il y fera à l'avenir.

II. Deux poésies, l'une française, l'autre latine, étaient-elles pareillement en retard le 6 août ?... Nous ne le croyons pas ; mais les Muses quercynoises sont timides, et elles n'osèrent point se produire à côté des grands discours qui se succédèrent si nombreux dans la journée du jeudi. Elles se produisirent le lendemain, au dîner de Monseigneur, encore environné de plusieurs évêques et d'un bon nombre de prêtres. — On verra en parcourant ces deux petites pièces que le vrai mérite est toujours modeste.

POÉSIE DE M. L'ABBÉ GARY, AUMONIER

A Monseigneur P.-A. GRIMARDIAS

A L'OCCASION DE SON JUBILÉ ÉPISCOPAL

CÉLÉBRÉ A ROC-AMADOUR, LE 6 AOUT 1891

Devant vous, Messeigneurs, nobles et saints prélats,
J'ose élever la voix ; mais mon âme est saisie
De crainte. Il faut pourtant un peu de poésie :
C'est l'assaisonnement des fêtes d'ici-bas.

Noces ou jubilé, quelque nom qu'on vous donne,
Ce nom comme un beau chant à l'oreille résonne ;
Il apporte la joie aux cœurs qui n'en ont plus ;
Et nous ne concevons la gloire des élus
Qu'a travers l'idéal de noces éternelles.

O fêtes de Cahors, combien vous fûtes belles !
Qui n'en garde à jamais le souvenir pieux ?
Nous fêtâmes alors votre cinquantenaire ;
Aujourd'hui nous fêtons un autre anniversaire ;
Monseigneur, bien plus rare encore, plus glorieux,
Et sur ce roc fameux d'Amadour où vous êtes
Ne convenait-il pas de célébrer ces fêtes ?

D'un même élan de joie en ce jour animé,
Chacun, noble prélat, à genoux remercie
Le ciel qui daigne encore prolonger votre vie.

La vie !.. Elle est si belle à qui se sent aimé !
Et ne sentez-vous pas, Monseigneur, qu'on vous aime ?
Voyez autour de vous vos frères vénérés,
Vos prêtres, votre peuple en bataillons serrés ;
Voyez ces étendards : ne sont ils pas l'emblème.
De l'hommage sacré qu'en ce jour, Monseigneur,
Le diocèse entier rend à Votre Grandeur ?

O père, gloire à vous, à vous notre couronne ;
Car vous êtes de ceux qu'au monde le ciel donne

Quand il veut lui montrer, pour son plus grand bonheur,
Ce que c'est qu'un Apôtre, un Pontife, un Pasteur !
Notre-Dame, présente ici sur cette terre,
Aux pieds de l'Eternel portez notre prière.

« Seigneur, c'est votre main qui donna pour époux,
A notre vieille Eglise un pontife si doux,
Bénissez de nouveau cette heureuse alliance
Et de la voir durer laissez-nous l'espérance.
Daignez récompenser ses vertus, ses bienfaits,
Qui feront à jamais survivre sa mémoire,
Ici, par de longs jours écoulés dans la paix,
Là-haut, par les splendeurs de l'immortelle gloire. »

L'abbé JUSTIN GARY,
aumônier des Religieuses du Calvaire, à Cahors.

POÉSIE DE L'ABBÉ BERGUES

In Basilicâ Sanctæ Mariæ Rupis-Amatoris
DIE SEXTA AUGUSTI

ANNO MILLESIMO OCTINGENTESIMO NONAGESIMO PRIMO

JUBILÆUM EPISCOPALE

ILLUSTRISSIMI AC REVERENDISSIMI IN CHRISTO PATRIS

PETRI-ALFRIDI GRIMARDIAS

Episcopi Cadurcensis, quem Deus nobis diu sospitem servet.

Undique conveniunt Clerus populusque fideles
 Pontificesque decem turbaque lecta comes ;
Legatum, titulos et præmia grata ferentem,
 Ipsa beata fuit mittere Roma suum.
Te pia Virgo petunt, te sanctæ Rupis Amator,
 Nostrum Pontificem concelebrare volunt.
Hic nam, post annos viginti quinque, labores
 Quàm cuperet juvenis tàm tolerare potest.

Pastor amat cunctos qui cunctis semper amatur,
   Dicere quisque potest : « tam mihi nemo pater. »
Per tantos annos tantâ virtute juvante
   Dicere quis poterit quæ bona protulerit?
Hæc dicant populi primævâ fide novati,
   Tot dicant, mirum ! condita templa Deo.
Tota Cadurcorum gens gratâ laude resultet
   Quæ data Pastoris prævia tanta tenet ;
Tot, dicant Juvenes, Domini quos esse ministros
   Auxiliis fecit sæpius ære suo ;
Tot dicant pueri, quos tanto semper amore
   Ipse Catechismum Pastor ubique docet.
Christicolæ Fratres dicant Santæque puellæ
   Sicubi serventur proteget ille suos.
Quidve Sacerdotes quos omnes ducit amicos ?
   Dant grates debitas, omnibus ipse bonus.
Tot tandem dicant quibus hic non desinit esse
   Solamen miseris, gaudia felicibus.
Principibus laicis, (Numen si non vereantur)
   Cum dentur laudes spes facit atque timor,
Pontificem nostrum cuncti veneramur ovantes
   Et debitas grates scit dare solus amor.
Nunquam sat laudum cum laudes undique surgant,
   « Clamabunt lapides » si mea lingua tacet.
En cur Pontifices, Cleri, populique precantes,
   Hæc tibi Virgo potens ultima vota ferunt :
« Virgo Dei genitrix quæ supplex omnipotens es
« Hoc munus natis des generosa novum
« Pastorum serva qui tot tibi servat honores
« Ad multos annos » te veneretur adhuc.
« Lumen Christigenis serva, Clerisque coronam,
« Possit ut exemplar omnibus esse diu,
« Oh! felix illi maneat pars ultima vitæ
« Et nos semper amans semper ametur adhuc ;
« Denique completum meritis plenumque dierum,
« Æternâ Dominus laude coronet eum. »

                        J. Bergues,
                        Curé de Grézels.

EPILOGUE

Dans une de ses dernières apparitions à ses apôtres, Jésus dit à saint Pierre : « pais mes agneaux. En vérité je te le dis, lorsque tu étais plus jeune, tu te ceignais toi-même, et tu allais où tu voulais ; mais lorsque tu seras vieux, tu étendras tes mains, et un autre te ceindra et te mènera où tu ne veux pas. » Or, Jésus dit ces paroles pour marquer par quelle mort Pierre devait glorifier Dieu. Pierre s'étant retourné, vit venir après lui le disciple que Jésus aimait, et dit à Jésus : « Celui-ci, Seigneur, que deviendra-t-il ? Jésus lui dit : je veux qu'il reste jusqu'à ce que je vienne... Il courut sur cela un bruit entre les frères que ce disciple ne mourrait point. Jésus néanmoins ne dit pas : il ne mourra point, mais : je veux qu'il demeure jusqu'à ce que je vienne. » (Ev. selon St-Jean. XXI, 17-23).

Qu'il nous soit permis d'appliquer à notre bien-aimé pontife ce que Notre-Seigneur dit de son bien-aimé disciple : Celui-ci, Seigneur, que deviendra-t-il ? — Je veux qu'il reste jusqu'à ce que je vienne. Il a déjà vu les années de Pierre et au-delà : puisse-t-il voir les années de saint Jean !. *Sic eum volo manere donec veniam*.

www.ingramcontent.com/pod-product-compliance
Lightning Source LLC
LaVergne TN
LVHW050556090426
835512LV00008B/1197